HOME OFFICE e TELETRABALHO

ARISTEU DE OLIVEIRA
GUILHERME TCHAKERIAN

HOME OFFICE e TELETRABALHO

ASPECTOS PRÁTICOS E LEGAL

3ª Edição
revista, atualizada
e ampliada

2024

EDITORA *Jus*PODIVM
www.editorajuspodivm.com.br

EDITORA JusPODIVM
www.editorajuspodivm.com.br

Rua Canuto Saraiva, 131 – Mooca – CEP: 03113-010 – São Paulo – São Paulo
Tel: (11) 3582.5757
• Contato: https://www.editorajuspodivm.com.br/central-de-relacionamento

Diagramação: Futura *(rogerio@futuraeditoracao.com)*

Capa: Rodrigo Lippi

O48h Oliveira, Aristeu de.
Home Office e Teletrabalho / Aristeu de Oliveira e Guilherme Tchakerian. – 3.ed., rev., atual. e ampl. - São Paulo: Editora JusPodivm, 2024.
256 p.

Inclui bibliografia.
ISBN 978-85-442-5176-8

1. Direito do Trabalho. 2. Home Office. 3. Teletrabalho. I. Oliveira, Aristeu de. II. Tchakerian, Guilherme. III. Título.

CDD 342.6

BIBLIOTECÁRIA RESPONSÁVEL
Ana Carolina Ribeiro Mois – CRB7 – RJ 007348/0

"Na CRISE, exclua o 'S' e CRIE novas oportunidades."

APRESENTAÇÃO

Estamos na era digital. Essa nova realidade faz surgir um novo labor, com perfil diferente do trabalhador que tinha um posto fixo de trabalho.

O novo profissional não vê o trabalho como um problema. Ao contrário, o vê como um grande aliado, com a opção de flexibilização entre a profissão e a vida social.

Os avanços tecnológicos, a Internet, as mídias sociais, as tecnologias de informação, entre outros que ainda surgirão, estão definindo a sociedade do conhecimento, cujos integrantes estão presentes em diversas atividades.

Também chamado de teletrabalho ou trabalho remoto, o *home office* surgiu nos Estados Unidos, quando tecnologias como a Internet e a popularização dos dispositivos móveis permitiram que os colaboradores passassem a trabalhar remotamente, de casa ou de outras localidades.

Home office vem do inglês ***home*** (lar, residência, ambiente familiar) e ***office***, que se refere a escritório. Assim, temos que *home office* é o **escritório em casa** ou escritório no lar.

Essa nova modalidade de trabalho trouxe desafios legislativos para assegurar que o trabalhador em *home office* (teletrabalho) desfrute dos mesmos direitos trabalhistas daqueles que prestam serviços dentro das empresas.

Este novo momento exige dos sindicatos, patronal e de empregados, que assumam postura proativa e eficaz em seu trabalho, como conciliadores entre o empregado e o empregador. Abre-se espaço para melhores relações entre atividades econômica e profissional.

Neste curso, trataremos principalmente do *home office* (teletrabalho) de empregado registrado em CTPS, em especial o Capítulo II-A da CLT.

Na Parte I, a princípio, vamos abordar o *home office* sob três aspectos:

- **Teletrabalho ou trabalho remoto**: empregado registrado na Carteira de Trabalho e Previdência Social.
- ***Freelancer***: (trabalhador autônomo), nas condições legais do art. 442-B da CLT.
- **Empresário**: escritório em casa.

Foi editada em caráter emergencial a Medida Provisória consolidando o tema como força maior, e o *teletrabalho* assume com eficácia o mercado de trabalho, convertida na Lei nº 14.020/2020.

Dos Capítulos 17 ao 20, temos:

- Programa de alimentação do trabalhador (PAT)
- **LEI Nº 14.442 de 2/9/2022 - *DOU* de 5/9/2022, trouxe uma série de alterações como se segue:**

1. Auxílio-alimentação ao empregado
2. Contratação de pessoa jurídica para o fornecimento de auxílio-alimentação
3. Penalidades – Multa ao empregador por execução inadequada ou desvio de finalidade
4. Dedução do lucro tributável para fins de Imposto de Renda (IR) – pessoa jurídica
5. Alterações e inserções na CLT sobre teletrabalho ou trabalho remoto

6. Quando a Lei nº 14.442/2022 entra em vigor

7. Texto atualizado na íntegra da Lei nº 14.442/2022, artigos da CLT e Lei nº 6.321/76.

Na parte II

REFORMA DA PREVIDÊNCIA

Abordando os seguintes pontos:

- Tipos de previdência
- Cálculos dos benefícios
- Aposentadoria dos servidores públicos
- Salário família e auxílio reclusão
- Aposentadorias, regras de transição
- Aposentadoria por idade do RGPS
- Aposentadoria por tempo de contribuição
- Aposentadoria por invalidez
- Aposentadoria do deficiente
- Aposentadoria dos professores
- Aposentadoria dos políticos
- Aposentadoria de policiais civis federais
- Reestruturação para militares
- Pensão por morte
- Limite mínimo mensal do salário de contribuição – RGPS e nova tabela de desconto para os servidores públicos
- Aposentadoria especial

- Trabalhador rural; economia familiar; garimpeiro e pescador artesanal
- Abono de permanência apenas para o servidor público
- Siglas utilizadas nas ações previdenciárias
- Cálculos de aposentadorias conforme reforma constitucional em vigor - exemplos práticos
- Novos cálculos do INSS e IRRF para 2024
- Exemplos práticos – 1 empregado A e 1 servidor público B
- Fundamentação legal para prática das novas tabelas
- Como utilizar a nova tabela do INSS (RGPS e RPPS)
- Práticas de incidências nos pagamentos feitos a empregados (INSS, FGTS e IRRF), com a fundamentação legal
- Trabalho intermitente, exemplo de pagamento e cálculo do RSR
- Condições para contratar um trabalho intermitente
- Calculando o repouso semanal remunerado em percentual, sendo usado o mesmo critério para horas extras, comissionado, trabalhador que ganha por hora e outros similares, para atender as determinações legais e judiciais

Os autores procuram dar aos leitores, pesquisadores e consulentes um trabalho prático, sempre fundamentado na Constituição Federal, Emendas Constitucionais, Leis ordinárias e Leis complementares. Nossa maior preocupação é dar conhecimento didático ao estudante, pesquisador, leitor e profissionais que tenham interesse pela novidade apresentada pelo nosso poder legislativo.

Vamos em frente!

Bons estudos e boa leitura!

Os Autores

SUMÁRIO

PARTE I
ORIENTAÇÕES PRÁTICAS E LEGAL DE *HOME OFFICE* E TELETRABALHO

PARTE II
ORIENTAÇÃO DOS BENEFÍCIOS DA REFORMA PREVIDENCIÁRIA. CÁLCULOS DE APOSENTADORIAS COM EXEMPLOS PRÁTICOS. TRABALHO INTERMITENTE DA REFORMA TRABALHISTA. ASPECTOS PRÁTICOS E LEGAL. LEI Nº 14.442 DE 2/9/2022 – CAPÍTULOS 18 A 20

PARTE I – ORIENTAÇÕES PRÁTICAS E LEGAL DE *HOME OFFICE* E TELETRABALHO

1

POSTULANDO AO TRABALHO REMOTO OU TELETRABALHO – O QUE FAZER?

1.1. DICAS IMPORTANTES

1.1.1. Fazer um planejamento da viabilidade financeira (custos)

Antes de iniciar uma transição do posto fixo de trabalho na empresa para o teletrabalho ou trabalho remoto, é necessário considerar com atenção todas as implicações financeiras desta mudança, para que seja viável. Um dos grandes desafios para quem faz essa opção é manter um cuidadoso controle financeiro e separar os gastos domésticos das despesas com trabalho, para que não se confundam, o que exige disciplina. É preciso observar alguns aspectos, como, por exemplo:

- Quanto será gasto com a instalação da estação de trabalho? É o caso de negociar com o empregador a aquisição de móveis ou equipamentos para montar o escritório?

- Para que haja eficiência no trabalho, será necessário aumentar a capacidade da Internet? Quanto será gasto com isso? É possível negociar com o empregador a diferença?

- O carro da família será usado para visitas profissionais? Se sim, separar exatamente o que é gasto com deslocamentos para a empresa e o que é gasto com passeios com a família, por exemplo.
- Serão necessários gastos extras com telefonia? É possível à empresa disponibilizar celular corporativo ou dividir os gastos do telefone pessoal do empregado?
- Haverá aumento nos gastos de luz e água? Qual será o incremento nesses gastos? É possível negociar com o empregador?
- Organize todos os gastos, mesmo os pequenos, em planilhas, para que nada seja esquecido.

Para os especialistas no estudo desta nova modalidade de trabalho, o ideal é precificar todas as despesas como se fossem de um escritório comum.

1.1.2. Consultar técnicos da área, advogados, contadores e administradores de recursos humanos (RH), psicólogos e outros profissionais relacionados com a atividade exercida

Para que a transição para o teletrabalho ou trabalho remoto tenha êxito, é importante considerar a orientação de outros profissionais, como técnicos, advogados, contadores, administradores de recursos humanos (RH), psicólogos e outros profissionais com expertise na área, para que sejam asseguradas a estabilidade emocional, a percepção de legalidade, para evitar exaustão e consequentemente garantir a produtividade.

1.2. AVALIAÇÃO DA CONVIVÊNCIA COM A FAMÍLIA

É muito importante, antes de fazer a transição para a modalidade de teletrabalho ou trabalho remoto, observar as condições de convivência da família e/ou do cônjuge ou companheiro(a) com o postulando.

Devem-se considerar as seguintes indagações:

- O(a) companheiro(a) tem um bom relacionamento com o postulando? De acordo com perfil de convivência e de conflitos que acontecem no lar, a modalidade de teletrabalho ou trabalho remoto pode não funcionar muito bem e tornar-se improdutiva.

- O(a) companheiro(a) não é ciumento(a)? É importante o trabalhador e os familiares fazerem um planejamento e alinharem os termos desse tipo de trabalho, para que haja consenso e harmonia entre desempenho do trabalho e a convivência familiar.
- O postulando ao trabalho em teletrabalho ou trabalho remoto é disciplinado para trabalhar em sua casa?
- Há aprovação especialmente de quem mora no seu lar, com discernimento, para entender o trabalho de teletrabalho ou trabalho remoto?

Se a resposta a essas indagações for positiva, há bons indícios de que o trabalho em casa pode ser realizado com eficiência e celeridade.

1.3. SEGURO PRIVADO DE ACIDENTES PESSOAIS

Um fator muito importante a se observar é como ficam as coberturas para acidentes e doenças no teletrabalho:

- Deve haver diretrizes diferenciadas para **auxílio-doença** e **auxílio-acidente**. Cabe lembrar que no auxílio-doença há uma incapacidade temporária para o trabalho, enquanto no auxílio-acidente deve existir um benefício indenizatório quando o empregado não se recupera totalmente de um acidente e fica com sequelas permanentes que reduzem sua capacidade para o trabalho. Existe também o auxílio-doença por acidente no trabalho, diferenciando dos demais.
- E no que diz respeito à **morte acidental** do empregado trabalhando na modalidade de teletrabalho ou trabalho remoto? Como fica?
- É preciso considerar também o tratamento a ser dado o caso de **danos estéticos**. Como proceder?
- E quanto aos **danos morais**, entre outros?

1.4. ADEQUAÇÃO ERGONÔMICA

O ambiente de trabalho deve ser adequado às condições físicas dos indivíduos, de modo a evitar desconfortos e riscos à segurança e à saúde do trabalhador. Para atender à diversidade, o ideal é que a empresa disponibilize:

- Cadeiras e mesas reguláveis.
- Corredores largos.
- Banheiros adaptados.
- Móveis bem distribuídos, para evitar a criação de barreiras e obstáculos.
- Rampas e elevadores adequados e com sinalização especial.
- Equipamentos, ferramentas e demais materiais acessíveis a todos.
- Regime de **tempo parcial**, não pode exceder a 26 h por semana.
- **Remuneração proporcional** ao que cumpre tempo integral.

Como vemos, para que o empregado realize bem o seu trabalho em trabalho remoto, é necessário que o empregador proporcione condições ergonômicas similares às oferecidas na empresa.

1.5. GINÁSTICA LABORAL

Uma solução interessante para que empregados em trabalho remoto mantenham uma boa saúde física é a empresa oferecer-lhes, periodicamente (se possível, no máximo a cada dois meses), ginástica laboral. Essa atividade, além de promover a interação e o contato entre os colaboradores, contribui para manter a saúde (física e mental) deles e para evitar possíveis doenças restritivas ou incapacitantes decorrentes do sedentarismo.

Para viabilizar essa iniciativa, a sugestão é entrar em contato com fisioterapeuta registrado(a) no Conselho Regional de Fisioterapia e Terapia Ocupacional.

Cabe lembrar que, com a reforma trabalhista (§ 2º do art. 4º da CLT), mesmo que a atividade seja realizada no prédio da empresa, não se caracteriza como tempo à disposição da empresa.

1.6. ALMOÇO DE CONFRATERNIZAÇÃO

Um almoço periódico com todos os trabalhadores pode promover a confraternização e a união. Para esses encontros, porém, cabem alguns alertas:

1. Evitar que o trabalhador em **trabalho remoto** (teletrabalho) fique ébrio, pois será muito constrangedor para si e sua família. Restringir os tipos de bebidas às não alcoólicas.

2. É proibido discutir **política, futebol e religião**. Uma boa sugestão é contar com um coral, quarteto, banda de jazz etc.

3. Promover a confraternização em um salão privativo para todos os clientes (empresários), *freelancer*/autônomos, prestadores serviços.

4. Se possível, permitir que os empregados levem a família.

5. Acabar com as panelinhas e criar o panelaço (todos juntos). Não é utopia!

2

TRABALHO REMOTO – TELETRABALHO DE EMPREGADO REGISTRADO

2.1. CONSTITUIÇÃO FEDERAL

Para que deveres e diretos sejam respeitados nessa categoria de trabalho, deve-se ter como base o texto da Constituição, mais precisamente o art. 7º, inciso XIII, que preceitua:

> **Art. 7º, inciso XIII**
>
> XIII – duração do trabalho normal não superior a oito horas diárias e quarenta e quatro semanais, facultada a compensação de horários e a redução da jornada, mediante acordo ou convenção coletiva de trabalho.

> **Obs. Duração do trabalho é o mesmo que jornada de trabalho.**

- **Primeiro Exemplo (mensalista)**

MENSALISTA - SEMPRE 30 DIAS NO MÊS JÁ INCLUSO O RSR
Há duas fórmulas ou maneiras de calcular as 220 horas do mensalista.
Veja o exemplo prático:
Semana trabalhista é de **segunda a domingo**, com descanso no domingo
44h/6 dias = 7,33333 x 30 dias = **220 horas**

OU

7,3333 é igual a 7 h 20min. As calculadoras estão reguladas para 100 e não 60.
Decompondo em minutos, temos: 7h20min X 60 min = 440 min x 30 = 13.200 min/60min = **220/horas**
MENSALISTA = 220 horas

Segundo exemplo (horista)

HORISTA É NÚMERO DE DIAS NO MÊS
Artigo 58, vinculado ao artigo 65 da CLT, ou seja, o número de horas no mês, seja de 28, 29, 30 ou 31.
Exemplo
Empregado ganha R$ 12,00 por hora
Mês de novembro de 2020, temos
4(quatro) domingos e 2 (um) feriado = 6 dias de RSR
30 dias (–) 6 dias de RSR = 24 dias efetivamente trabalhados
O empregado, trabalhou 24 dias de 7h20min X 60min = 440 min
440 min X 24 dias = 10.560 min/60 min = 176h efetivamente trabalhadas
6 dias de RSR X 440 min por dia = 2.640 min/60 min = 44h
Temos 176 h x R$ 12,00 p/h = R$ 2.112,00
+ RSR 44 h x R$ 12,00 p/h = R$ 528,00
TOTAL A RECEBER .... R$ 2.640,00

OU

Horista
Trabalha de segunda a sábado = 44 h/6 dias = 7,33333 X 24 dias úteis = **176 horas**
+ RSR = 6 dias x 7,33333 = **44 horas**
176 h de jornada de trabalho + 44h de RSR = **220 horas**

Temos 176 h x R$ 12,00 p/h = R$ 2.112,00
+ RSR 44 h x R$ 12,00 p/h = R$ 528,00
TOTAL A RECEBER .... R$ 2.640,00
Horista no mês de fevereiro pode receber a menor que 30 dias, mas nos meses de 31 dias, recebe 1 (um) dia a mais, totalizando 7 horas no ano.
Mesmo não havendo o **controle** da jornada de trabalho ou duração de trabalho, não pode ultrapassar a 220h por mês, considerando pagamento mensal.

Legislação – PODER JUDICIÁRIO DANDO SUA EXCELENTE CONTRIBUIÇÃO DIPONÍVEL AO CONSULENTE, COM O NOME DE CLT DINÂMICA

CLT DINÂMICA

Qualquer usuário digital, pode ter acesso a todos artigos da CLT atualizados, pelo site: <www.trtsp.jus.br> clicar em "Legislação" do TRT do Trabalho da 2ª Região

CONSOLIDAÇÃO DAS LEIS DO TRABALHO

Decreto-lei nº 5.452, de 1º de maio de 1943, DOU de 09/08/1943

Desenvolvimento e atualização realizados pela Coordenadoria de Gestão Normativa e Jurisprudencial do Tribunal Regional do Trabalho da 2ª Região

O que é a CLT Dinâmica

Ficha catalográfica e outros dados da publicação

Últimas atualizações da CLT Dinâmica:

Lei n° 13.874/2019, DOU 20.09.2019 (Edição extra)
(Lei nº 14.438, de 2022), *DOU* de 25.08.2022
LEI Nº 14.442, DE 2 DE SETEMBRO DE 2022 *DOU de 05/09/2022*
Lei n° 14.647, 4-8-23 DOU de 7-8-23, *parágrafos do art. 442 da CLT, sociedade cooperativa e entidades religiosas.*

2.2. CONSOLIDAÇÃO DAS LEIS DO TRABALHO (CLT)

Vejamos o que diz a CLT sobre o regime de teletrabalho, no art. 62, inciso III:

> **Art. 62, inciso III, da CLT**
>
> Art. 62 – Não são abrangidos pelo regime previsto neste capítulo: (*Alterado pela Lei nº 8.966, de 27-12-94, DOU 28-12-94)*
>
> [...]
>
> **III** - os empregados em regime de teletrabalho que prestam serviço por produção ou tarefa. (Inciso incluído pela **Lei nº 14.442, de 2 de setembro de 2022 *DOU* de 5-9-2022)**
>
> Fundamentação: art. 57 da CLT
>
> Jornada de trabalho, ou seja, duração do trabalho e não horário de trabalho.

2.3. DOCUMENTOS NECESSÁRIOS

Para que o empregado inicie o trabalho em *home office*, são necessários os documentos e os procedimentos práticos descritos a seguir:

> **I** – Contrato individual de trabalho como empregado registrado.
>
> **II** – Aditivo contratual com 15 dias antes pelo empregador, para haver alteração do contrato de trabalho do home office para o presencial.

> **› Nota dos autores: A lei nº 14.020/2020 é de 48 h, por ser "FORÇA MAIOR", atípico e transitório.**

> **III** – Retorno às atividades específicas no estabelecimento do empregador não descaracteriza o regime de teletrabalho.
>
> **IV** – Descrição de cargo com as atividades específicas que serão realizadas pelo empregado.
>
> **V** – Carência de **acordo entre as partes**, para que o empregado faça alteração do presencial para o trabalho do trabalho remoto com um aditivo contratual.

VI – Teletrabalho = serviços preponderantemente fora das dependências do empregador.

2.4. CUIDADOS IMPORTANTES

ATENÇÃO, EMPREGADOR!

Observe os artigos 468 e 483 da CLT:

Art. 468 - Nos contratos individuais de trabalho só é lícita a alteração das respectivas condições por **mútuo consentimento**, e ainda assim desde que não resultem, direta ou indiretamente, prejuízos ao empregado, sob pena de nulidade da cláusula infringente desta garantia.

Art. 483 - O empregado poderá considerar rescindido o contrato e pleitear a devida indenização quando:

(DISPENSA INDIRETA. Ficar caracterizado que o empregador forçou a ida do empregado do presencial para o trabalho em home office *(teletrabalho).)*

a) forem exigidos serviços superiores às suas forças, defesos por lei, contrários aos bons costumes, ou alheios ao contrato;

b) for tratado pelo empregador ou por seus superiores hierárquicos com rigor excessivo; c) correr perigo manifesto de mal considerável;

d) não cumprir o empregador as obrigações do contrato;

e) praticar o empregador ou seus prepostos, contra ele ou pessoas de sua família, ato lesivo da honra e boa fama;

f) o empregador ou seus prepostos ofenderem-no fisicamente, salvo em caso de legítima defesa, própria ou de outrem;

g) o empregador reduzir o seu trabalho, sendo este por peça ou tarefa, de forma a afetar sensivelmente a importância dos salários.

DISPENSA INDIRETA*. Pode ficar caracterizado dispensa indireta quando o empregador forçar a ida do empregado do presencial para o trabalho em* trabalho remoto *(teletrabalho), sem as mínimas condições de exercer suas atividades no seu lar.*

2.5. CONTRATO INDIVIDUAL EM TRABALHO REMOTO – EMPREGADO – TELETRABALHO

É considerada teletrabalho a atividade do trabalhador que presta seus serviços preponderantemente fora das dependências do empregador, que pelo tipo de trabalho, tecnologia e natureza, não se constituem como trabalho externo.

Seu comparecimento às dependências do empregador, quando solicitado com atividades específicas, não descaracteriza o regime de teletrabalho.

Devem constar do contrato de trabalho dessa categoria os seguintes itens:

> I – Especificação das atividades que serão realizadas pelo empregado (descrição de atividades).
>
> II – Poderá haver alteração do contrato de trabalho o trabalho remoto (teletrabalho) para o presencial, desde que haja mútuo acordo entre as partes, com o correspondente registro em aditivo contratual.
>
> III – Poderá realizar a alteração do regime de teletrabalho por determinação do empregador desde que tenha uma carência de 15 (quinze) dias, com o correspondente registro em aditivo contratual.

> **Nota dos autores: A lei nº 14.020/2020, reduz de 15 dias citado no inciso III, para 48 h, quando se tratar de PANDEMIA.**

2.6. COMUNICAÇÃO, SUPRIMENTO DE EQUIPAMENTOS TECNOLÓGICOS E INFRAESTRUTURA

Alguns pontos importantes a observar antes de iniciar o regime de **trabalho remoto** são os seguintes:

- O empregador deverá instruir e orientar o empregado quanto às formas de evitar doenças e acidentes de trabalho.
- O empregador deverá comunicar com clareza quais são as normas e os procedimentos, com todas instruções e orientações.

- Regras, normas internas e métodos de trabalho devem ser inclusivos e não podem gerar impedimentos ou formas de discriminação.

- É fundamental desenvolver ações de comunicação interna e treinamentos que eduquem os colaboradores quanto às melhores práticas na convivência com a diversidade. Assim, respeita-se o lugar de fala de cada indivíduo e as estratégias se tornam muito mais objetivas e eficazes. Por isso, é importante que os líderes e os gestores estejam a par da nova realidade a ser implementada na empresa e realmente vistam a camisa da inclusão e da diversidade.

- O empregado deverá assinar termo de responsabilidade comprometendo-se a seguir as instruções fornecidas pelo empregador.

- O empregado terá direto a plano de saúde? Cabe negociação?

- O empregado terá o benefício do vale alimentação (incentivos fiscais)?

- O trabalhador terá direito a vale transporte? **Não!** A Lei nº 7.418/1985 e o Decreto nº 10.854/2021, § 3º do art. 112, proíbem, e seu uso indevido é falta grave. É possível acertar com o empregado, mediante acordo individual, entre as partes com o empregador. Havendo necessidade de ir até a sede, sua mobilidade será custeada pelo empregador, por meio de reembolso do Táxi, Uber, ônibus, metrô ou carro próprio. O empregado assinará declaração e termo de compromisso, afirmando tal decisão com o empregador.

- Como fica o auxílio-doença e o auxílio-doença por acidente? É importante que o empregador deixe bem claro ao trabalhador em **trabalho remoto** quando um evento se caracteriza por auxílio-doença e quando é auxílio-acidente e quanto é auxílio-doença por acidente.

2.7. VERIFICAÇÃO DAS CONDIÇÕES DE TRABALHO E TECNOLOGIAS NECESSÁRIAS

Um dos grandes segredos das pessoas que trabalham ***online*** e são produtivas é conhecer as ferramentas certas. Basta acessar uma loja de aplicativos ou navegador em ***sites*** especializados em conteúdo digital para descobrir que existem centenas de plataformas que prometem mais produtividade e eficiência. Saiba quais são as melhores ferramentas para o seu **trabalho remoto.**

Na prática, porém, nem todas funcionam ou se adaptam à realidade dos negócios.

É fundamental ter um espaço reservado para isso, com boa internet, e alinhar as entregas com o time de sua empresa.

Deve-se verificar se há ruídos próximo de seu local de trabalho que possam dificultar o desempenho do trabalho e a concentração.

Também deve ser considerada a necessidade de efetuar reformas na casa, incluindo o local de trabalho.

2.8. NORMAS E PROCEDIMENTOS PARA USO DE TECNOLOGIA NO EXERCÍCIO DO CARGO OU FUNÇÃO

É muito importante que o empregador deixe bem claras as regras para uso de WhatsApp e outras tecnologias pela internet para desempenho da função e, principalmente, que haja atenção de ambas as partes.

- O empregado colocará em funcionamento toda a tecnologia suprida pelo empregador, tão somente na jornada que o mesmo estipular para o seu trabalho.

- É fundamental ter cuidado com mensagens de WhatsApp relacionadas ao trabalho em horário inadequado, para uma atividade que não exige atuação nesse horário. Deve-se mencionar em contrato de trabalho ou em um aditivo contratual que o WhatsApp terá um horário determinado para funcionar. Após esse horário, será bloqueado pelo empregador, ou quem o representa.

- O empregado que utilizar celular, *notebook*, computador corporativos não deverá fazê-lo fora de sua jornada planejada de trabalho. Em caso de qualquer telefonema ou chamada fora da jornada, o empregado tem a obrigação de bloquear, podendo sua inobservância caracterizar falta grave.

EMPREGADOR/EMPREGADO CUIDADO! Veja a seguir:

> **Art. 6º, *caput* e parágrafo único** da CLT, preceitua: "Não se distingue entre o trabalho realizado no estabelecimento do empregador, o executado no domicílio do empregado e o realizado a distância, desde que estejam caracterizados os pressupostos da relação de emprego. (Artigo com redação pela Lei 12.551/2011).
>
> **Parágrafo único.** Os meios telemáticos e informatizados de comando, controle e supervisão se equiparam, para fins de subordinação jurídica, aos meios pessoais e direitos de comando, controle e supervisão do trabalho alheio".

3

EMPRESÁRIO *HOME BASED*

Home based = Trabalho 100% em casa, de modo que o CNPJ possui o endereço de sua residência.

3.1. EMPRESÁRIO CUJA SEDE DE TRABALHO É O SEU LAR

Neste Capítulo módulo, trataremos do empresário que tem uma empresa cuja sede é em sua residência (empresa doméstica). Vamos entender como funciona essa modalidade de labor que permite que profissionais montem suas empresas e tenham seu próprio negócio, sem sair de casa. Profissionais de diversos segmentos optam por essa modalidade, aumentando o número de adeptos ao ***home based***. *Designers*, artistas plásticos, jornalistas, *coachs* e outros estão entre esses profissionais.

Um exemplo de trabalho em *home based* são as microfranquias, que podem ser abertas e administradas em casa. Essas microfranquias se caracterizam por sua estrutura adequada para atuar de maneira remota, tendo como sede o próprio lar do empreendedor. Esse modelo de negócios demanda um investimento inicial menor em comparação com o investimento em grandes franquias, uma vez que não implica custos com aluguel e com grandes equipamentos. Alguns exemplos de empresas com essas características podem ser:

- Corretoras de seguros que não demandem a instalação de um ponto comercial.

- Microfranquias de manutenção de computadores.
- Comercialização de pratos congelados.
- Empresas de turismo que oferecem pacotes de viagens.

3.1.1. Vantagens

As vantagens para o empresário que opta por essa modalidade de trabalho são as seguintes:

1. Não tem custos com mobilidade (congestionamentos e transportes públicos lotados).
2. Pode ficar mais tempo com a família.
3. Dispensa gastos com aluguel, água e luz de conjuntos ou salas comerciais.
4. Diminui as despesas com alimentação.
5. Pode melhorar a qualidade da alimentação.
6. Como não tem horário fixo, pode determinar em contrato o espaço de horário a cumprir seu trabalho, podendo escolher entre trabalhar de manhã ou à tarde.
7. Tem o privilégio de adequar o ambiente com música, cores, cheiros de sua preferência.
8. Relativa menor preocupação com o vestuário. Atenção às reuniões, quando se deve vestir formalmente!
9. Pode lembrar-se de sua qualidade de vida! Levantar-se da cadeira, andar um pouco, fazer uma pequena atividade física, sempre com orientação do profissional da área.

10. Pode escolher a melhor forma de comunicação com os colaboradores: WhatsApp para manter o contato, Skype, Zoom, Zoom vídeo e muitos outros que surgirão, sempre comunicando com antecedência o horário melhor para todos os colaboradores.

3.1.2. Desvantagens

As desvantagens para o empresário que opta por essa modalidade de trabalho são as seguintes:

1. Maior risco de dispersão e dificuldade de concentração, quando a família do empresário não colabora.

2. O cliente desse empresário fica preocupado de ter seu trabalho interrompido, num eventual atrito e só ter o comando daquele empresário, são desconfianças em momentos de transição.

3. Maior exigência com disciplina e responsabilidade.

4. A preocupação do cliente num eventual acidente ou morte desse empresário, como ficará o seu produto, o trabalho remoto, terá uma série de indagações até sua estabilidade.

5. Se ficar doente por um período prolongado, pode prejudicar o andamento dos negócios.

6. Maior responsabilidade, pois a demanda de trabalho só depende dele mesmo.

7. Risco de não concluir seu trabalho no horário determinado e ter de pagar multa.

8. Muitos executivos e empresários, perdem excelentes negócios no exterior por falta de disciplina, cuidado com o trabalho em trabalho remoto.

9. Relato de um gestor, intermediário de negócios na Itália, verbalizou que presenciava executivos e empresários brasileiros,

perderem excelentes negócios, por não chegar no horário. Acham uma falta de respeito. Isso pode acontecer no trabalho em trabalho remoto.

> **Nota dos autores: Dica importante! Empresário com CNPJ em sua residência não pode ter empregada(o) doméstica(o) fazendo faxina ou limpeza no escritório.**

4

AUTÔNOMO/*FREELANCER*

Nessa categoria enquadra-se o trabalhador autônomo (contribuinte individual).

Com as mudanças de paradigmas no mercado de trabalho, há uma demanda enorme a ser explorada nessa categoria.

Tem fundamentação legal no art. 442-B da CLT:

> **CLT, art. 442-B**
>
> A contratação do autônomo, cumpridas por estes todas as formalidades legais, com ou sem exclusividade, de forma contínua ou não, afasta a qualidade de empregado prevista no artigo 3º desta Consolidação (**art. 442-B**).

Por não se enquadrar na categoria de empregado prevista no art. 3º da CLT, na atuação de prestador de serviços "autônomo", o profissional pode ter outras atividades.

Alguns profissionais que atuam na qualidade de autônomo, geralmente em regime de *home office*, são revisores de textos, revisores técnicos, tradutores, *designers*, artistas plásticos, jornalistas, *coaches*, arquitetos. Tem aumentado muito o número de adeptos ao *home based* ou *freelancer*.

Também são exemplos encanador, eletricista, mecânico, profissionais que fazem manutenção no lar em diversos equipamentos, como máquina de lavar, geladeira, *personal* de academia, fisioterapeuta, entre outros.

Empresas seguradoras de veículos e residência têm atuado com muita eficácia nessa área.

Para atuar nessa categoria, recomenda-se sempre ter assessoria de um técnico, que pode reduzir encargos ao amparo da Lei.

> Ver neste LIVRO, no item 9.2, o cálculo de custos do freelancer/autônomo e exemplo de descontos do INSS.

5

MEI – MICROEMPREENDEDOR INDIVIDUAL

5.1. ESTRUTURA, LIMITE DE FATURAMENTO E VIABILIDADE

A categoria de microempreendedor individual oferece várias possibilidades para atuar na modalidade de *home office*, tanto como prestador de serviços, como microempresário individual.

Para se tornar um microempreendedor individual, é simples. Basta observar as seguintes orientações do SEBRAE:

1. **Consulta:** Verifique se sua atividade se enquadra na categoria de microempreendedor individual.

2. **Exigência:** Procure a prefeitura da sua cidade.

3. **Registro:** Acesse o portal do empreendedor.

4. **Documentação:** Não é necessário entregar documentação em nenhum lugar.

5. **Finalização:** Formalize sua empresa com rapidez e segurança seguindo as orientações da cartilha do Sebrae.

O faturamento máximo anual em 2024 para que a empresa se enquadre como MEI é de R$ 81.000,00 (oitenta e um mil reais anuais), de maneira que a média mensal de faturamento é de R$ 6.750,00 (seis mil e setecentos e cinquenta reais). É importante fazer o devido controle, para não extrapolar, pois quase todo ano há mudanças de valores para maior. Fique atento!

Ao empresário com menos recursos, é possível ter um **empregado em teletrabalho**, mas deve-se considerar a viabilidade disso. Se você for um microempreendedor individual e tiver um empregado registrado em sua empresa, ele tem todos os direitos de um empregado de empresa normal, inclusive encargos legais. É viável?

5.2. CUSTOS COM MEI

Para 2024, os custos com MEI são os seguintes:

- Pagamento de todos impostos, no valor total R$ 70,60 por meio do **DASN** – Documento de Arrecadação Simples Nacional.
- INSS a 5% do salário-mínimo, para 2024 = 1.412,00 X 5% = R$ 70,60.
- ICMS a R$ 1 sem alterações (comércio e indústria).
- ISS a R$ 5 sem alterações (prestação de serviços).

Desse ponto de vista, é uma excelente opção.

5.3. VANTAGENS E DESVANTAGENS DO MEI

A seguir, elencamos algumas vantagens e desvantagens dessa categoria de trabalho que em geral é realizada na modalidade de *home office*:

As vantagens de se constituir uma empresa como MEI são as seguintes:

- Tributação simplificada e reduzida.
- Aposentadoria e direitos trabalhistas garantidos ao proprietário.

- Possibilidade de contratar um empregado para o negócio (deve-se avaliar a viabilidade desse recurso).
- Assessoria contábil gratuita por até um ano.
- Linhas de crédito específicas.
- Emissão de nota fiscal.

As desvantagens do MEI são as seguintes:

- Custo alto para fechamento da empresa.
- Contribuição tributária fixa.
- Aposentadoria limitada.
- Limitação do número de empregados.
- Expansão limitada.

6

MICROEMPRESÁRIO – SIMPLES

6.1. CONCEITOS E ESTRUTURA

Esse tipo de empresa é conhecido na linguagem dos técnicos como EMPRESA DE PEQUENO PORTE pelo Simples.

Segundo dados do SEBRAE em 2023, 80% das micro e pequenas empresas são responsáveis por empregos formais no país.

Esse regime é chamado de Simples (simplificado) porque nele o pagamento de impostos mensais é feito por meio da DAS, que é uma guia única que agrupa vários impostos: IRPJ, CSLL, Cofins, PIS/Pasep, CPP, ISS.

Há microempresários no regime do Simples que atuam na modalidade de *home office*. Este é mais um tipo de empresa em que o empreendedor pode atuar de maneira remota.

6.2. VANTAGENS E DESVANTAGENS DO MICROEMPRESÁRIO PELO SIMPLES

Algumas das vantagens do microempresário pelo Simples são:

- Maiores limites de crédito e financiamento.
- Menos burocracia.

- Dispensa da contribuição de 20% do INSS patronal.
- Descontos em planos de saúde.
- Acesso a benefícios previdenciários.
- São algumas das desvantagens de empresa pelo Simples:
- Faturamento anual como base da cobrança de impostos.
- Taxas cobradas têm seus cálculos baseados no faturamento anual da empresa e não no lucro, como em outros regimes.
- Não há reembolso de impostos para os clientes.
- Há limite de exportação para empresas de pequeno porte.

6.3 RECEITA E CARGA DE IMPOSTOS

Para enquadrar-se como microempresa ou empresa de pequeno porte pelo Simples, a receita bruta anual deve ser superior a R$ 360.000,00 e igual ou inferior a R$ 4.800.000,00. Esses valores referem-se a receitas obtidas no mercado nacional. A empresa de pequeno porte não perderá o seu enquadramento se obtiver adicionais de receitas de exportação, até o limite de R$ 4.800.000,00.

A carga de impostos é 6% do faturamento, mais as contribuições legais.

7

PERGUNTAS E RESPOSTAS SOBRE TELETRABALHO – TRABALHO REMOTO

A seguir, apresentamos uma série de perguntas e indagações para reflexão e retomada dos principais pontos abordados no livro. Procurar responder a essas perguntas pode contribuir para diagnosticar o aproveitamento e a aprendizagem dos temas tratados.

> 1) Como é feita a anotação do controle de jornada?

Resposta. A anotação poderá ser feita por meio de sistemas no computador ou aplicativos no celular. Frise-se que o controle de jornada não se aplica aos casos de trabalhos por produção ou tarefa (nos termos do inciso III do art. 62 da CLT, incluído pela Lei nº 14.442, de 2 de setembro de 2022) e deverá estar previsto no contrato de trabalho. Além disso, a jornada não poderá ferir o que prevê o texto Constitucional, especialmente no inciso XIII do art. 7º.

> 2) O vale-transporte deve ser pago em dinheiro?

Resposta. Não! A própria Lei, por meio de seu regulamento, proíbe o uso do vale-transporte para outros fins que não seja residência-trabalho e vice-versa; podendo ser falta grave.

> **3) O vale-refeição deve ser pago em dinheiro?**

Resposta. Não! A Lei proíbe o vale-refeição ou alimentação pago em dinheiro.

> **4) A empresa deve fornecer os equipamentos e o acesso à internet para o trabalho em casa?**

Resposta. Sim! Podendo o empregado, ou, prestador de serviços, fazer a compra e ser reembolsado pelo empregador, se acordarem as partes.

> **5) Em relação ao contrato de trabalho, deve haver alguma anotação fazendo referência ao trabalho remoto – teletrabalho?**

Resposta. Sim! Por meio de contrato expresso ou aditivo contratual, quando se tratar do presencial para o Teletrabalho – Trabalho Remoto, com a anuência do empregado. Quando já admitir o empregado em Trabalho Remoto – teletrabalho, também se faz necessário, dado as peculiaridades do próprio contrato de teletrabalho e se for transferir do trabalho remoto para o presencial no mínimo 15 dias de antecedência.

> **6) Caso trabalhe alguns dias na empresa para atividade específica e outros em teletrabalho – trabalho remoto, como isso deve ser anotado no contrato de trabalho?**

Resposta. Deve constar um aditivo de contrato, embora a Lei permita, dispondo que não descaracteriza o teletrabalho (trabalho remoto).

> **7) Caso o empregado de trabalho presencial não aceite o teletrabalho – trabalho remoto, o que deve ser feito?**

Resposta. O empregador não deve impor, mas deve haver um acordo entre as partes, **seguindo os preceitos** do art. 468 da CLT.

> **8) Como funcionam as horas extras no teletrabalho – trabalho remoto?**

Resposta. Quando for além do PRECEITO CONSTITUCIONAL, especialmente no inciso XIII do art. 7º da CF, ou seja, ultrapassar as 220 horas mensais, 44 horas semanais e 8 horas diárias.

> 9) Caso o empregador queira que o empregado retorne ao trabalho presencial na empresa, como deve ser feito?

Resposta. O empregador deve avisar o empregado no mínimo 15 (quinze) dias antes. Caso esse *home office* seja em decorrência da MP 936 (convertida na Lei 14.020/2020), esse prazo é reduzido para 48 horas.

> 10) Caso o empregador queira que o empregado retorne ao trabalho presencial na empresa, o empregado é obrigado a aceitar?

Resposta. Sim! O empregador poderá determinar seu retorno para o regime presencial, garantindo o prazo de transição no mínimo 15 (quinze) dias, com o correspondente registro em aditivo contratual, podendo registrar um prazo maior, expresso em acordo individual. Caso esse teletrabalho - trabalho remoto seja em decorrência da Lei 14.020/2020, esse prazo é reduzido para 48 horas.

Exceto quando o empregado foi contratado desde sua admissão, para trabalhar em teletrabalho - *home office*, nesse caso precisa da anuência do empregado.

> 11) Quando é auxílio-doença, auxílio-acidente e auxílio-doença por acidente no trabalho em teletrabalho – trabalho remoto?

Resposta. Considera-se auxílio-doença quando o empregado fica afastado por mais de 15 dias por enfermidade.

O auxílio-acidente ocorre quando o empregado sofre um acidente de trabalho e ficam sequelas, dificultando e até impedindo o exercício daquela mesma função. Passará por **perícia médica do INSS** e, se confirmado, terá 50% do benefício até a véspera de sua aposentadoria ou óbito.

No auxílio-doença por acidente, após os quinze dias, quando sobre um acidente no trabalho, terá um cálculo diferenciado de benefício e depósito do FGTS.

> 12) Empresário, *freelancer* ou autônomo fazem jus ao "auxílio-doença por acidente" ou "auxílio-acidente"?

Resposta. Não! Esses benefícios são concedidos só aos empregados registrados em CTPS.

> 13) O empregado em *home office* – teletrabalho pode ter outro emprego?

Resposta. Sim! Desde que seja em horários diferentes.

> 14) Como funcionam na prática o trabalho em teletrabalho e o trabalho externo?

Resposta: Caracteriza-se como teletrabalho quando a prestação de serviços é preponderantemente fora das dependências do empregador, com a utilização de tecnologia da informação e de comunicação que, por sua natureza, não se constituam como trabalho externo. Trabalho **externo:** O trabalho executado fora do estabelecimento, o horário dos empregados constará, explicitamente, de ficha ou papeleta em seu poder, sem prejuízo do que dos acordos ou contratos coletivos porventura celebrados, seu retorno é presencial para a sede do empregador.

> 15) No caso de uso do WhatsApp, ou outra tecnologia, tratando de trabalho para uma atividade que não exige esse horário, o empregador deve criar um bloqueador, ou não há necessidade? O empregado deve assinar algum documento de que não o fará?

Resposta. Sim, o empregador deve bloquear. O empregado não deve usar o WhatsApp corporativo, nem outra ferramenta qualquer, fora de sua jornada de trabalho. Pode caracterizar trabalho para o empregador, fora do horário de sua jornada. O empregado deve assinar um termo de responsabilidade de que não tomará essa atitude, afirmando que se o fizer, poderá ser desligado por justa causa.

> 16) Quando acontece reembolso de despesas ao empregado?

Resposta: Quando o empregado fica responsável para aquisição e manutenção ou fornecimento dos equipamentos tecnológicos e da infraestrutura necessária e adequada à prestação do trabalho remoto. É importante que seja feita uma planilha com a divisão do que é custo da empresa e o que é custo do empregado, fazendo constar como um anexo no contrato de trabalho ou um aditivo do contrato.

> 17) Como evitar acidentes de trabalho?

Resposta: O empregador deve instruir os empregados de forma até exaustiva quanto às precauções a tomar, a fim de evitar doenças e acidentes de trabalho. Fora do expediente de trabalho, criar o hábito da ginástica laboral. Alguns Tribunais Regionais do Trabalho têm dado sua contribuição.

Sempre com orientação de um profissional qualificado (fisioterapeuta) sobre qual tipo de ginástica é possível fazer, com orientações de médico específico. Pode-se escolher um horário e fazer com a família.

https://www.youtube.com/watch?v=lGy3mpCFrMc
(disponibilizado pelo TRT10)

https://www.youtube.com/watch?v=YOJtR-BsIko
(disponibilizado pelo TRT13)

https://www.youtube.com/watch?v=7XBBfJVhDWI
(disponibilizado pelo TRT19)

Utilize equipamentos de Proteção individual, entre outros necessários, conforme sua atividade.

> 18) O empregado deve assinar termo de responsabilidade?

Resposta. Sim! O empregado deve assinar um termo de responsabilidade, comprometendo-se a seguir as instruções fornecidas pelo empregador. Quando houver cursos da CIPA, combate a incêndio etc. patrocinados pela empresa, deve comprometer-se a participar. Não o fazendo, pode caracterizar falta grave.

> 19) No caso de um empregado que está com o contrato de trabalho suspenso pela LEI 14.020/2020, por ocasião da COVID-19, e ficou doente nesse percurso, no seu retorno ao trabalho, qual será o procedimento na prática?

Resposta. Após a suspensão, no seu retorno ao trabalho, deverá entrar no auxílio-doença, após 15 dias.

> 20) É possível fazer um acordo mensal de banco de horas, com o empregado em teletrabalho ou trabalho remoto?

Resposta. Sim! Desde que sua jornada seja superior ao que preceitua a CF, deve fazer um contrato individual de banco de horas e liquidando preferencialmente até o mês subsequente, de preferência.

> 21) Qual a diferença entre horas extras e banco de horas?

Resposta. Horas extras é o mesmo que excesso de horas. Quando o excesso de horas em um dia é compensado pela correspondente diminuição em outro dia, chamamos de banco de horas.

> 22) O empregador pode descontar dos salários do empregado em caso de dano causado pelo próprio empregado?

Resposta. Sim, desde que tenha sido acordado em contrato ou na ocorrência do dolo.

> 23) Como funciona quando há dolo causado pelo empregado?

Resposta. Ficando provado O ATO DOLOSO, pode-se descontar do salário e, dependendo da gravidade, pode até haver dispensa por justa causa. Cabe consultar um bom advogado trabalhista para avaliar o caso.

> 24) Como funciona a reparação de danos de natureza extrapatrimonial decorrentes da relação do trabalho remoto?

Resposta. Entre os vários artigos do Título II-A, oriundos da Reforma Trabalhista, ficou compactada nesses artigos a reparação de danos de natureza extrapatrimonial decorrentes da relação de trabalho, a ação ou omissão que ofenda a esfera moral ou existencial da pessoa física ou jurídica, as quais são as titulares exclusivas do direito à reparação.

A pessoa física pode reparar os bens juridicamente tutelados inerentes à pessoa física, bem como os bens juridicamente tutelados inerentes à pessoa jurídica.

Ao julgar procedente o juízo, fixará a reparação a ser paga, a cada um dos ofendidos, em dos seguintes parâmetros, vedada sua acumulação:

- Até 3 vezes o último salário contratual do ofendido, de natureza leve.
- Até 5 vezes o último salário contratual do ofendido, de natureza média.
- Até 20 vezes o último salário contratual do ofendido, de natureza grave.
- Até 50 vezes o último salário contratual do ofendido, de natureza gravíssima.

Se o ofendido for pessoa jurídica, a indenização será fixada com observância dos mesmos parâmetros estabelecidos em relação ao salário contratual do ofensor.

Em caso de reincidência entre partes idênticas (pessoa física ou jurídica), o juízo poderá elevar ao dobro o valor da indenização.

São várias as formas inseridas nesses artigos da reparação por danos de natureza extrapatrimonial. Com isso, vem restringir os chamados danos morais nas iniciais de ação trabalhista, que é praticado costumeiramente.

> 25) Os empregadores deverão dar alguma prioridade aos empregados para o trabalho remoto ou teletrabalho?

Resposta. Sim! Os empregadores deverão conferir prioridade aos empregados com deficiência e aos empregados e empregadas com filhos ou criança sob guarda judicial até quatro anos de idade na alocação em vagas para atividades que possam ser efetuadas por meio do teletrabalho ou trabalho remoto. (Incluído pela Lei nº 14.442, de 2022) "ART. 75-F DA CLT".

8

MODELOS DE CONTRATOS DE TELETRABALHO (TRABALHO REMOTO) E *HOME OFFICE*

TELETRABALHO ou TRABALHO REMOTO: Contrato individual de trabalho em trabalho remoto/teletrabalho, banco de horas, contrato de experiência e termo de responsabilidade da relação de tecnologia adequada para o trabalho do empregado

***Home office*:** Parceria comercial de CNPJ para CNPJ

- 8.1. Contrato individual de trabalho em trabalho remoto/Teletrabalho Podendo ser, de igual modo: Aditivo ao contrato de trabalho, para os empregados em regime presencial, para o trabalho remoto – Teletrabalho
- 8.2. Banco de horas
- 8.3. Contrato de experiência em teletrabalho – trabalho remoto
- 8.4. Contrato de parceria comercial pessoa jurídica – para pessoa jurídica
- 8.5. Termo de responsabilidade do trabalho em um trabalho remoto

MODELO 8.1
CONTRATO INDIVIDUAL DE TRABALHO OU ADITIVO CONTRATUAL CONTRATO INDIVIDUAL DE TRABALHO EM TRABALHO REMOTO – TELETRABALHO

Ou

ADITIVO AO CONTRATO DE TRABALHO, PARA OS EMPREGADOS EM REGIME PRESENCIAL

ATUALIZADO COM A LEI Nº 14.442, de 2/9/2022 *DOU* de 5/9/2022

NOME DO EMPREGADOR E QUALIFICAÇÃO, doravante denominado EMPREGADOR e **NOME DO EMPREGADO E QUALIFICAÇÃO**, a seguir chamado apenas EMPREGADO, celebram o presente **ADITIVO AO CONTRATO DE TRABALHO** antes pactuado, nos seguintes termos:

1. Pelo presente ajuste, em conformidade com os artigos 62, III, e 75–A/F, da CLT, as partes instituem, de comum acordo, o regime de **TELETRABALHO** (*trabalho remoto*) pelo qual, dentre as disposições a seguir pactuadas, destaca-se a inexistência de controle de jornada para os empregados que prestam serviços por produção ou tarefa e, consequentemente, a impossibilidade de pagamento de horas extras, desde que atenda os preceitos constitucionais, podendo haver um banco de horas mensal, mediante acordo individual de trabalho.

2. Considera-se teletrabalho ou trabalho remoto a prestação de serviços fora das dependências do EMPREGADOR, de maneira preponderante ou não, com a utilização de tecnologias de informação e de comunicação, que, por sua natureza, não configure trabalho externo. O comparecimento, ainda que de modo habitual, às dependências do empregador para a realização de atividades específicas que exijam a presença do empregado no estabelecimento não descaracteriza o regime de teletrabalho ou trabalho remoto.

3. São atividades a serem desempenhadas pelo EMPREGADO inserido nesse regime, além de outras compatíveis com sua condição pessoal: DESCRIÇÃO DO CARGO.

4. Sem que se considere uma alteração lesiva do contrato de trabalho, poderá ser realizada a alteração entre regime presencial e de teletrabalho, mediante mútuo acordo entre as partes. Da mesma forma, poderá ser realizada a alteração do regime de teletrabalho para o presencial por **determinação do EMPREGADOR**, garantido prazo de transição mínimo de 15 (quinze) dias, passando para 48 horas, quando for nos termos da Lei 14.020/2020, pandemia.

Caso o empregado mudar de residência, por problema familiar, ou judicial não tendo condições de continuar com suas atividades em casa, deve avisar imediatamente o empregador, para um acerto de como será sua continuidade de trabalho.

5. Convencionam as partes que ficará a cargo do EMPREGADOR a disponibilização dos equipamentos tecnológicos e da infraestrutura necessária e adequada à prestação do trabalho remoto, ficando a cargo do EMPREGADO zelar pela preservação do material recebido, ficando responsável pelo custo da manutenção/reparo na hipótese de avarias não decorrentes do uso regular, bem como pela perda, extravio ou subtração.

5.1. Quanto da manutenção dos equipamentos; o empregado, mediante autorização do empregador, pode adquirir, enviando a Nota Fiscal e relatório da necessidade de conclusão de seu trabalho, ao empregador que terá o reembolso das despesas.

5.2. Se houver alteração de consumo de energia, fazer uma média ponderada dos últimos seis meses e recebendo uma ajuda de custo.

5.3. Ocupação de Xm2 de sua casa como escritório, fazer uma avaliação do valor mensal.

5.4. Falta de luz, além das máquinas existentes para conclusão do trabalho, houve continuidade do apagão, será acordado entre as partes de como será concluído seu trabalho, podendo até caracterizar força maior.

5.5. Entre outras necessidades, o empregado se compromete, antes de uma ação judicial trabalhista, provando a real necessidade.

5.6. Em caso de óbito do empregado; auxílio-doença ou acidente no trabalho, seu controle de produção da empresa deverá ser comunicado. A família entrará em contato imediatamente com o empregador, deixando o técnico com a devida identificação, adentrar no seu lar, para o devido procedimento.

6. Em casos de danos causados pelo empregado ou na ocorrência por dolo (vontade) ou culpa (imperícia, imprudência ou negligência), dá o direito do empregador de descontar de seus vencimentos, além dos descontos previstos em lei, o prejuízo casado, conforme art. 462, § 1º, da CLT.

7. Declara o EMPREGADO ter recebido, neste ato, o material abaixo descrito – desvinculado de qualquer repercussão/reflexo salarial, comprometendo-se pela sua guarda e preservação, devendo restituí-lo ao EMPREGADOR ao final do contrato, sob pena de indenização correspondente – DESCREVER MATERIAL ....

....

....

....

....

8. Declara o EMPREGADO ter ciência da obrigação de sigilo profissional no tocante às informações obtidas perante o EMPREGADOR, sabendo que não poderá transmiti-las a terceiros, exceto com a respectiva anuência.

9. As despesas porventura antecipadas pelo EMPREGADO no desenvolver de suas atividades, desde que previamente autorizadas pelo EMPREGADOR, ser-lhe-ão restituídas mensalmente, em oportunidade do pagamento do salário.

10. Compromete-se o EMPREGADO a submeter-se aos exames médicos inerentes ao contrato de trabalho, bem como a respeitar os limites recomendados para duração do trabalho, em especial que envolva digitação e demais riscos ergonômicos, respeitar intervalos/pausas intrajornada, interjornada e cargas horárias diária e semanal, comprometendo-se ainda a **cumprir atividades voltadas a prevenção de doenças e acidentes laborais, por exemplo, pela prática habitual de ginástica laboral**, cujo tutorial é acessível nos seguintes canais:

Sempre com orientação de um profissional qualificado (fisioterapeuta) sobre qual tipo de ginástica é possível fazer, com orientações de médico específico.

10.1. Evitar doença e acidente do trabalho.

11. Compromete-se também o EMPREGADOR a encaminhar ao EMPREGADO, se necessário, outras orientações voltadas à preservação de sua saúde, comprometendo-se o EMPREGADO a segui-las de forma regular, além das instruções apresentadas na cláusula anterior, manifestando ao EMPREGADOR de forma imediata qualquer tipo de dificuldade em segui-las, ou possível ineficiência das medidas preventivas, **valendo o presente como termo de responsabilidade**.

11.1. Termo de responsabilidade (vide item 8.5)

12. Embora não esteja sob controle de jornada de trabalho, em comum acordo o empregador/empregado poderá determinar o período de exercer suas atividades das 5h às 22h, exercendo, nesse espaço de tempo, suas atividades e sempre atendendo ao preceito constitucional.

13. Pertencerão exclusivamente à contratante todos os materiais, imagens, conteúdos e tudo o que mais se refira expressamente à pesquisa e desenvolvimento da atividade do contratado, ou, ainda, que decorra da própria natureza dos encargos concernentes a todos os trabalhos produzidos pelo mesmo empregado.

14. Permanecem vigentes as demais cláusulas constantes do contrato de trabalho pactuado entre as partes e o empregado afirma ter conhecimento de todos os itens nesse contrato individual de trabalho em *home office*, prometendo cumprir conforme o exercício de suas atividades.

Por estarem justas e contratadas, as partes contratantes assinam, em duas vias, o presente aditivo ao contrato de trabalho, atendendo aos preceitos legais.

E por estarem de pleno acordo, assinam ambas as partes, em duas vias de igual teor.

LOCAL, DATA

Testemunha ______________________________

Testemunha ______________________________

MODELO 8.2
BANCO DE HORAS

ACORDO INDIVIDUAL DE TRABALHO EM TELETRABALHO-TRABALHO REMOTO

Acordo individual de trabalho em trabalho remoto, que fazem entre as partes, de um lado, a empresa...................................., estabelecida na Rua. . . . ., número . . . . ., cidade de . . . ., Estado de . . . ., inscrita no CNPJ/MF sob o número . . . ., devidamente representada neste ato por seu Diretor . . . . e, de outro lado, seu empregado com trabalho **em trabalho remoto**, ..., com sede no seu lar na Rua . . . ., número . . . . ., cidade de . . . ., Estado de . . . ., representado por seu Presidente Sr.(a) . . . ., para INSTITUIÇÃO DE BANCO DE HORAS, a qual, havendo necessidade, atende à vontade das partes, poderá a contratante prorrogar a jornada diária de mais duas horas, com a redução em outro dia do mês.

Ultrapassando as horas no mês previstas na Constituição Federal, serão pagas como horas normais.

Permanece em vigor o Acordo de Compensação de Horas de Trabalho da empresa, que amplia a jornada diária de segunda a sexta-feira para compensação dos sábados e dias-ponte.

E, por estarem as partes convencidas da oportunidade do presente Acordo, firmam-no em duas vias de igual teor por meio de seus representantes legais.

Local e data

(nome da empresa)

. . . .

(responsável legal pela empresa)

(nome do empregado)

. . . .

(assinatura do empregado)

Testemunhas

1ª ______________________________

Assinatura e RG

2ª ______________________________

Assinatura e RG

MODELO 8.3
CONTRATO DE EXPERIÊNCIA EM TELETRABALHO – TRABALHO REMOTO

Pelo presente instrumento particular de contrato de experiência em home office, que fazem entre si a empresa ...., com sede na Rua........................., nº ...., cidade ...., Estado ...., com seu Cadastro Nacional de Pessoa Jurídica - CNPJ nº ...., denominada a seguir "**Empregadora**", e o Sr.(a) ...., domiciliado na Rua.., bairro.........., cidade............., Estado......., portador da CTPS nº ...., série ...., doravante designado "Empregado" em **trabalho remoto**, firmam o presente contrato individual de trabalho, para fins de experiência, conforme legislação trabalhista em vigor, mediante as condições a seguir:

1º) O empregado trabalhará para a Empregadora no cargo de **WEBDESIGNER**, com as seguintes atividades:

- *Cria visualmente páginas de site.*
- *Dirige a programação e a navegação entre as páginas de site e efetua sua manutenção.*
- *Cria graficamente o visual da página principalmente do site e das seções, com imagens e textos.*
- *Cria a "navegação", a ligação entre as páginas.*
- *Cria banner, folders, cartões, gifs animados, geralmente com a identidade visual do site, para fins diversos (em impressão, multimídia, Internet, vídeo etc.).*
- *Dirige, intermedeia e participa da programação das páginas HTML de texto de todo o site com os demais analistas de sistemas.*
- *Avalia e intermedeia, juntamente com o departamento, a criação e manutenção de sites para terceiros.*
- *Monitora a seção de "Fórum" do* site.

- *Tem autoridade para definir estética e graficamente o visual das páginas do site.*

- *Outras atividades relacionadas com o cargo em home office.*

2ª) O local de trabalho será no seu lar, Rua ...., podendo a empregadora, no prazo de quinze dias, transferir o empregado para sede em caráter provisório ou definitivo para qualquer localidade deste Estado ou de outro dentro do país.

3ª) Cumprir suas atividades no período das **5h às 22h**, cumprindo o que dispõe a Constituição Federal, CLT e demais Leis Complementares.

4ª) O prazo deste contrato de experiência é de 90 (noventa) dias, com início em 9 de setembro de 2024 e término em 7 de dezembro de 2024, com uma remuneração de R$ 8.500,00 (oito mil e quinhentos reais), por mês.

5ª) Em caso de rescisão antecipada sem justa causa deste contrato de experiência em trabalho remoto por qualquer das partes, será o procedimento regido de acordo com os artigos 479 e 480 da CLT.

6ª) Em caso de danos causados pelo empregado, este dá o direito de o empregador descontar de seus salários, além dos descontos previstos em lei, conforme art. 462, § 1º.

7ª) Após o término do contrato de experiência e permanecendo o Empregado a serviço da Empregadora, continuarão em vigor as cláusulas constantes deste contrato e serão acrescentados um **aditivo ao contrato de trabalho em trabalho remoto** (teletrabalho), mesmo por prazo indeterminado.

8ª) Será feito precedendo um dia do vencimento um **ADITIVO AO CONTRATO DE TRABALHO EM TRABALHO REMOTO**, atendendo todas as normas da Constituição Federal e as Leis Complementares.

Estando assim contratado, assinam o presente instrumento, em duas vias de igual teor, na presença de duas testemunhas.

..........,.....de.................de 2023.

Empregador

____

Empregado

____

TESTEMUNHAS

____

____

MODELO 8.4
CONTRATO DE PARCERIA COMERCIAL PESSOA JURÍDICA – PARA PESSOA JURÍDICA

HOME OFFICE e não Teletrabalho

Parceiro Outorgante: nome da empresa, com sede na (Rua), (número), (bairro), (CEP), (Cidade), (Estado), inscrita no CNPJ sob o n° 00.000.000.0000-XX, e com Inscrição Estadual sob o nº xxxxxx, neste ato representado pelo Sócio Administrador XXXXXXXXXXXXXXXX, brasileiro, (estado civil), (profissão), portador da cédula de Identidade nº xxxxxx, CPF/MF nº XXXXXXXX, residente e domiciliado na (Rua), (número), (bairro), (CEP), (Cidade), (Estado), doravante designada simplesmente como; **outorgante**.

Parceiro Outorgada: nome da empresa, com sede na (Rua), (número), (bairro), (CEP), (Cidade), (Estado), inscrita no CNPJ sob o n° 00.000.000.0000-00, e com Inscrição Estadual sob o nº xxxxxx, neste ato representado pelo Sócio Administrador XXXXXXXXXXXXXXXX, brasileiro, (estado civil), (profissão), portador da cédula de Identidade nº xxxxxx, CPF/MF nº XXXXXXXX, residente e domiciliado na (Rua), (número), (bairro), (CEP), (Cidade), (Estado), doravante designada simplesmente como; **outorgada.**

As partes acima identificadas têm, entre si, justo e acertado o presente Contrato de Parceria, do trabalho da **outorgada** em ***home office***, que se regerá pelas cláusulas seguintes e pelas condições descritas no presente a seguir:

DO OBJETO DO CONTRATO

Cláusula 1ª – O presente contrato tem como OBJETO a veiculação dos produtos e serviços oferecidos pela **outorgante**, sendo estes (descrever os produtos que irão ser comercializados e expostos pela página da parceira), pela **outorgada**, em sua página na internet no endereço (endereço eletrônico www).

DAS OBRIGAÇÕES DA PARCEIRA OUTORGADA

Cláusula 2ª - A empresa **outorgada** fica obrigada a manter no seu endereço eletrônico (www) informações sobre os produtos comercializados pela **outorgante**, devendo às mesmas serem divulgadas de forma a facilitar sua visualização e localização.

Parágrafo primeiro – As informações sobre os produtos deverão ser organizadas de modo a tornar a leitura pelo cliente agradável e interessante, sendo de responsabilidade da empresa **outorgada** a criação e adequação do layout da página.

Parágrafo segundo – O texto descritivo dos materiais deverá sempre ser divulgado juntamente com a imagem publicitária do produto, antes do texto ou em conjunto.

Parágrafo terceiro – Para cada produto ou serviço da empresa **outorgante**, veiculado pela empresa parceira **outorgada** em sua página da internet, endereço (www), deverá ser criado um "link" direcionando o cliente visitante de sua página (www), para o endereço eletrônico da **outorgada** (www), quando solicitado pelo cliente visitante.

Parágrafo quarto – A empresa **outorgada** compromete-se a manter o link em sua página eletrônica durante 24 (vinte e quatro) horas por dia sem interrupção, exceto nos casos fortuitos ou de força maior.

Parágrafo quinto – Fica responsável a empresa outorgada em manter atualizadas as informações relativas aos produtos da empresa **outorgante**.

DAS OBRIGAÇÕES DA PARCEIRA OUTORGANTE

Cláusula 3ª – A parceira **outorgante** fornecerá à empresa **outorgada** a discriminação de todos os seus produtos e serviços a serem divulgados no endereço eletrônico (www).

Parágrafo primeiro – Sendo alterada ou modificada a característica dos produtos oferecidos pela empresa **outorgante**, esta compromete-se em fornecer por escrito, no prazo de xx (dias), a relação de alterações de características dos materiais divulgados no site.

Parágrafo segundo – Havendo necessidade e interesse, a **outorgante** fornecerá à parceira outorgada imagens e fotos publicitárias de seus produtos e serviços, para que possam ser veiculadas em sua página.

DAS VENDAS ONLINE

Cláusula 4ª – A **outorgada** será responsável em efetivar as vendas de seus produtos e serviços descritos na cláusula 1º deste instrumento.

Parágrafo primeiro – Será de responsabilidade da parceira **outorgante** o recebimento do pedido, faturamento, e envio do material adquirido para o cliente no endereço fornecido por este.

Parágrafo segundo – A **outorgante** disponibilizará uma senha e login para que a empresa parceira **outorgada** tenha acesso ao relatório de pedidos faturados.

Cláusula 5ª – A **outorgada** somente divulgará os produtos e serviços oferecidos pela **outorgante**, não intercedendo em nenhum momento sobre a venda de qualquer produto ou serviço.

DO PAGAMENTO

Cláusula 6ª – A parceira **outorgante** pagará à empresa **outorgada**, a título de retribuição, 40% do valor de cada venda concretizada a partir do "link" disposto na página da empresa **outorgada** salvo, quando houver participação de terceiros no processo de venda do objeto do presente instrumento, cujo percentual não deverá ultrapassar 15% (quinze por cento) e os percentuais entre as partes serão de 50% (cinquenta por cento) e 35% (trinta e cinco por cento), respectivamente.

Parágrafo primeiro – Os valores obtidos com as vendas efetivadas através do "link" disposto na página eletrônica da empresa **outorgada** serão pagos por ocasião da venda o valor da venda poderá enviando automaticamente para cada conta bancária das empresas participantes evolvidas, dividido seu percentual a quem direito, após dedução dos impostos e contribuições legais.

Parágrafo segundo – Na hipótese de a data do pagamento coincidir com dias de sábado, domingo e feriados, o pagamento será feito no primeiro dia útil subsequente.

DA PRIVACIDADE E SEGURANÇA

Cláusula 7ª – Fica proibida a captação de dados particulares dos clientes visitantes pela empresa **outorgada**.

Cláusula 8ª – A **outorgada** obriga-se a não enviar mensagens eletrônicas "SPAM", de modo a atrair compradores dos produtos da parceira **outorgante**.

DA RESCISÃO CONTRATUAL

Cláusula 9ª – A parte que desejar rescindir o presente instrumento notificará de forma expressa sua intenção à outra parte, com antecedência mínima de 60 (sessenta) dias.

Parágrafo primeiro – No caso do disposto da Cláusula 10, não caberá indenização em nenhuma hipótese.

Cláusula 10 – Estará rescindido automaticamente o presente contrato de parceria, em ocorrendo a violação de qualquer cláusula, por dolo ou culpa, constante neste instrumento pela empresa (**outorgada**).

Parágrafo primeiro – Sendo o presente instrumento rescindido de acordo com o disposto na cláusula 10, estará desobrigada a **outorgada** efetuar os pagamentos das vendas pendentes à empresa (**outorgada**).

DA VALIDADE E PRAZO DO CONTRATO

Cláusula 11 – O presente instrumento de contrato de parceria passa a vigorar na data de assinatura de ambas as partes.

Cláusula 12 – O presente contrato de parceria vigorará pelo prazo de 24 (vinte e quatro) meses, a contar da data de assinatura.

Cláusula 13 – Findo o prazo de vigência do contrato, poderão as partes renová-lo por igual período, havendo a necessidade de ser formalizado por escrito pela empresa **outorgada**, devendo ser apresentada a proposta com 30 (trinta) dias de antecedência, facultando à **outorgante**, aceitá-lo ou não.

Parágrafo primeiro – A não apresentação de notificação por escrito de seu interesse em renovar o presente contrato pela empresa parceira **outorgada**, 15 (quinze) dias após o seu vencimento, implicará no término do presente contrato de parceria.

DISPOSIÇÕES GERAIS

Cláusula 14 – Fica compactuado entre as partes a total inexistência de vínculo trabalhista entre as partes contratantes, excluindo as obrigações previdenciárias e os encargos sociais, não havendo entre CONTRATADA e CONTRATANTE qualquer tipo de relação de subordinação.

Cláusula 15 – **outorgante** poderá fornecer para a **outorgada**, livros, com a finalidade de manter um estoque na empresa parceira de modo a melhor atender o cliente, quando este último preferir retirar o material no local da empresa parceira **outorgada**.

Parágrafo primeiro – Poderá a empresa **outorgante** solicitar a contagem dos livros mantidos em estoque na empresa parceira **outorgada**, ficando esta última obrigada a permitir sua contagem por empregado ou pessoa autorizada pela **outorgada**.

Parágrafo segundo – Em nenhuma hipótese constante da cláusula 6ª, a empresa parceira **outorgada** participará do faturamento e envio do produto.

DO FORO

Cláusula 16 – Para dirimir quaisquer controvérsias oriundas do CONTRATO, as partes elegem o foro da comarca (nome da cidade) - Estado.

Por estarem assim justos e contratados, firmam o presente instrumento, em duas vias de igual teor, juntamente com 2 (duas) testemunhas.

Cidade, data.

OUTORGANTE

____

Aristeu de Oliveira

OUTORGADA

____

Diretor Responsável

Testemunhas

____

(Nome, RG e assinatura da Testemunha 1)

____

(Nome, RG e assinatura da Testemunha 2)

MODELO 8.5
TERMO DE RESPONSABILIDADE DO TRABALHO EM TRABALHO REMOTO

Relação de tecnologia adequada para o trabalho do empregado

Por este instrumento particular de termo de responsabilidade e na melhor forma de direito, de um lado a .... (nome da empresa) ...., estabelecida na Rua ...., ... (nº) ...., ... (bairro) ...., CEP: ...., ... (cidade) ...., ... (Estado) ...., inscrita no CNPJ sob o nº .... e com Inscrição Estadual nº ...., doravante denominada **CEDENTE**, e de outro .... (nome do empregado) ...., empregado da **cedente**, residente e domiciliado na Rua ...., nº ...., ... (bairro) ...., ... (cidade) ...., ... (Estado) ...., portador do CPF nº ...., RG nº ...., doravante denominado **CESSIONÁRIO**, têm entre si justo e acertado o que segue:

1. A partir desta data e até quando a CEDENTE assim o determinar, o **CESSIONÁRIO** passará a trabalhar em Teletrabalho (TRABALHO REMOTO), utilizando todas as ferramentas fornecidas pela empresa para desenvolver suas atividades, conforme descrição do cargo em seu contrato de trabalho em TRABALHO REMOTO (teletrabalho), em sua própria casa, durante a semana de segunda a sábado, cumprindo o preceito Constitucional das 5 h às 22 h. Embora os que prestam serviço por produção ou tarefa não esteja sob controle de jornada de trabalho, em comum acordo entre cedente e cessionário, será determinado a cumprir em cada mês o preceito constitucional, ou seja, 44 h semanais e até 8 h diárias, podendo ultrapassar às 8 h diárias mediante banco de horas, que é zerado até o final do mês subsequente, com acordo individual entre cedente e cessionário, utilizando todos os instrumentos telemáticos ou informativos, internet, entre outros, para realizar tão somente suas atividades, descritas no contrato de trabalho em teletrabalho.

O cedente se compromete a fornecer toda tecnologia adequada para o trabalho do cessionário, como vemos a seguir:

a) Utilizar o telefone celular corporativo da (nome da empresa operadora), Motorola modelo ...., para fins exclusivos advindos de seu vínculo de trabalho com a **CEDENTE** e da forma que for por ela determinada.

b) Computador/notebook, ...

c) Nobreak..............

d) Outras tecnologias relacionar.

2. A utilização da tecnologia das alíneas supramencionadas será feita de segunda a sexta-feira, exceto nos dias de feriados e férias do **CESSIONÁRIO** e de acordo com as condições estipuladas exclusivamente para o trabalho quando for necessário trabalhar em domingos e feriados.

3. Afirmam cessionário (empregado) e cedente (empregador), afirmam ter conhecimento do art. 6º e parágrafo único e Capítulo II-A da CLT.

4. O **CESSIONÁRIO**, uma vez recebendo o aparelho para uso durante o expediente de trabalho, deve necessariamente estar de posse do mesmo.

5. O **CESSIONÁRIO** está recebendo um aparelho de nº ...., na modalidade ...., de modo que somente poderá fazer ligações até atingir .... minutos por mês. Quando ultrapassar esta quantidade, o telefone poderá ser bloqueado.

6. A **CEDENTE** obriga-se a manter a tecnologia em boas condições de uso e, em caso de sinistro, fica estabelecido que o **CESSIONÁRIO** deverá avisar a **CEDENTE** imediatamente do ocorrido, para as providências necessárias. Fica estabelecido que, sendo reconhecido o dano causado pelo **CESSIONÁRIO**, ficará este responsável pelo pagamento do conserto, na proporção de 50% (cinquenta por cento) das despesas.

7. Em caso de danos causados pelo cessionário, este dá o direito de o cedente (empregador) descontar de seus salários, além dos descontos previstos em lei, conforme art. 462, § 1º e o Título II-A do DANO EXTRAPATRIMONIAL da CLT.

8. O **CESSIONÁRIO**, abaixo assinado, aceita e concorda integralmente com todas as cláusulas deste termo de compromisso e o faz sabedor de que a utilização indevida é um ato de indisciplina, não havendo nenhuma imposição da **CEDENTE** para seu uso indevido, nem podendo o CESSIONÁRIO pleitear que seu uso seja objeto de trabalhos advindos do vínculo de contrato de trabalho, ou de sobreaviso com a **CEDENTE**.

Elegem as partes o Foro de (nome da cidade) para dirimirem quaisquer dúvidas oriundas do presente termo de responsabilidade, em detrimento de qualquer outro por mais privilegiado que seja.

E, por estarem justos e firmados, **CEDENTE** e **CESSIONÁRIO** firmam o presente termo de responsabilidade, em 2 (duas) vias de um só teor, na presença de 2 (duas) testemunhas a que tudo presenciaram.

Local e data,

CESSIONÁRIO

CEDENTE

TESTEMUNHAS:

1ª) ....

2ª) ....

9

EXEMPLOS DE CÁLCULOS DE CUSTOS DO TRABALHADOR EM TRABALHO REMOTO OU TELETRABALHO

9.1. REEMBOLSO DE DESPESAS: CÁLCULO DE CUSTOS DO EMPREGADO EM TELETRABALHO – TRABALHO REMOTO

Empregado com uma remuneração de R$ 7.200,00 vai ocupar uma área para seu escritório em sua residência com banheiro adaptado, com pequeno espaço para ginástica laboral, equivalente a 20m², do total de 100 m².

R$ 7.200,00 x 25% (por analogia, § 3º do 458 da CLT) =
R$ 1.800,00/100m2

= R$ 18,00 x 20ms = ... = **R$ 360,00**

Cargo de **Designer gráfico**, atividades: Cria identidade visual, elaborada com base em projeto conceitual; cria logotipos e suas aplicações; materiais promocionais diversos, como banners, marcadores, *buttons*, cartazes, anúncios para jornais e revistas; cria capas de livros e catálogos, novos *layouts* e reestruturação em novas edições e atualizações; faz fechamentos de arquivos digitais; responsável pelo design do website.

> A INFRAESTRUTURA	
> CUSTO MENSAL	
• Espaço na residência do empregado, ocupado para o escritório	R$ 360,00
• Despesa com luz/água/internet/limpeza a cada 15 dias	R$ 550,00
• Vale-alimentação, 23 dias úteis a R$ 25,00	R$ 575,00
• Seguro	XXXXXX
• Outros itens	
> CUSTO EVENTUAL	
• Cadeira ergonométrica + ou -	R$ 1.200,00
• 2 computadores e impressora, dependendo de suas atividades	Ver mercado
• Ex. Designer Gráfico (computadores e impressora c/recursos)	R$ XXXXXX
> MOBILIDADE QUANDO SOLICITADO PELA EMPRESA	
• Uber ou combustível para ir à sede	R$ XXXXXX
• Para outro Estado passagem aérea/hospedagem, entre outros	R$ XXXXXX
> REEMBOLSO DE DESPESAS – Subtotal 1+2+3	R$ 2.685,00
> ENCARGOS TRABALHISTAS E PREVIDENCIÁRIOS	
• Remuneração R$ 7.200,00 + encargos (atualmente 95% + ou -)	R$14.040,00
> PREVIDÊNCIA COMPLEMENTAR	
• Plano gerador de benefícios livres (PGBL) ou VGBL (Vida gerador de benefícios livres)	R$ XXXX
CUSTO TOTAL (1+2+3+4+5)	R$ 16.725,00

9.2. REEMBOLSO DE DESPESAS: CÁLCULO DE CUSTOS DO *FREELANCER*/AUTÔNOMO (CONTRIBUINTE INDIVIDUAL) – TRABALHO EM *HOME OFFICE*

Deve atender aos preceitos do artigo 442-B da CLT.

> **1. INFRAESTRUTURA (Custo Mensal do freelancer/autônomo)**	
• **Espaço na residência do empregado, ocupado para o escritório**	**R$ 360,00**
• **Despesa com luz/água/internet/limpeza a cada 15 dias**	**R$ 550,00**
• **Outros itens**	**XXXXXX**
> **2.CUSTO EVENTUAL**	
• **Cadeira ergonométrica + ou -**	**R$ 1.200,00**
• **2 computadores e impressora, dependendo de suas atividades**	**Ver mercado**
• **Ex. Revisor de textos/tradutor, peritos nas diversas áreas**	**R$ XXXXXX**
• **Acrescentar outros custos pontuais**	**R$ XXXXXX**
> **3. DEDUÇÃO DO INSS DO CONTRIBUINTE INDIVIDUAL PELA CONTRATANTE**	
Prática do § 4º do art. 30 da Lei nº 8.212/1991 do contribuinte individual (INSS). A seguir, dois exemplos práticos. **1º)** Freelancer/autônomo prestou um serviço de R$ 3.000,00 neste mês R$ 3.000,00 x 20% = R$ 600,00 X 45% = R$ 270,00. Temos R$ 600,00 – R$ 270,00 (9% de R$ 3.000,00) = **R$ 330,00** **ou** R$ 3.000,00 x 11% = **R$ 330,00** **2º)** Freelancer/autônomo prestou serviço de R$ 9.900,00 neste mês (valor acima do limite máximo da previdência)	

R$ 9.900,00 x 20% = R$ 1.980,00 X 45% = R$ 891,00. Temos R$ 1.980,00 – R$ 891,00 = R$ 1.089,00. (o valor da prestação de serviço no mês de R$ 9.900,00, foi superior ao limite máximo = R$ 7.786,02)

2ºA) R$ 7.786,02 X 20% = R$ 1.557,20 x 45% = R$ 700,74.

Temos R$ 1.557,20 – R$ 700,74 = R$ **856,46** - (§ 4º do artigo 30 da Lei nº 8.212/91)

Deve descontar **R$ 856,46** e não R$ 1.089,00

ou

R$ 7.786,02 x 11% = **R$ 856,46** (§ 4º do artigo 30 da Lei nº 8.212/91)

O 2ºA é o correto

> **Obs. Sendo a empresa contratante do prestador de serviço uma instituição ou associação que não recolhe o patronal (isento), o desconto será de 20% do prestador, até o limite máximo.**

- **Aplicar a Tabela do Imposto de Renda na Fonte em vigor**
- **Verificar na Prefeitura local se deve contribuir com o ISS e qual o percentual**

> **3.1 CUSTO DA CONTRATANTE 20% DO VALOR DO SERVIÇO PRESTADO, QUANDO PAGA O INSS PATRONAL**	**R$ XXXXX**
> **4. SEGURO DE VIDA E ACIDENTES PESSOAIS – IMPORTANTE!** • **Opcional... Seguro de vida e acidentes pessoais**	**R$ XXXXX**
> **5. PREVIDÊNCIA COMPLEMENTAR** • **Plano gerador de benefícios livres (PGBL) ou VGBL (Vida gerador de benefícios livres) Opcional**	**R$ XXXXX**

> 6. PODE TER EMPREGADOS – com todos os encargos	R$ XXXXX
CUSTO TOTAL. 1+2+3+4+5+6 (valor do INSS de R$ 877,25) = INSS = (CONTRATANTE + 20% e AUTÔNOMO + 11% ou 20%)	R$ 2.966,46

9.3. CÁLCULO DE CUSTOS DO MICROEMPREENDEDOR INDIVIDUAL EM *HOME OFFICE*

A	
> 1. INFRAESTRUTURA (Custo Mensal da contratante ou do MEI)	
• Espaço na residência do MEI, ocupado para o escritório	R$ 360,00
• Despesa com luz/água/internet/limpeza a cada 15 dias	R$ 550,00
• Outros itens	XXXXXX
> 2. CUSTO EVENTUAL	
• Cadeira ergonométrica + ou -	R$ 1.200,00
• 2 computadores e impressora, dependendo de suas atividades	Ver mercado
• Ex. Designer Gráfico (computadores e impressora c/recursos)	R$ XXXXXX
• Acrescentar outros custos pontuais	R$ XXXXXX
> 3. MOBILIDADE QUANDO SOLICITADO PELA EMPRESA CONTRATANTE	
• Uber para sede ou combustível	R$ XXXXX
• Para outro Estado passagem aérea/hospedagem etc.	R$ XXXXX
CUSTO TOTAL. 1+2+3 DA CONTRATANTE - TOTAL	R$ 2.110,00

B	
EMPRESÁRIO MEI COM CNPJ	
> **1. CONTRIBUIÇÃO**	
• **Valor total, pago por meio do Documento de Arrecadação Simples Nacional (DASN), para 2024.** • **INSS a 5% do salário-mínimo = R$ 1.412,00 X 5% .... = R$ 70,60** • **(+) ICMS a R$1,00 sem alterações (Comércio e Indústria)= R$ 1,00** • **(+) ICMS a R$1,00 sem alterações (Comércio e Indústria)= R$ 1,00** • **(+) ISS a R$ 5,00 sem alterações (Prestação de Serviços)= R$ 5,00** **Total .... = R$ 77,60** **Excelente opção! Para 2024, o faturamento máximo anual é de R$ 81.000,00/12 = R$ 6.750,00 mensal**	**77,60**

CNPJ - NF R$ 6.750,00 (algumas atividades não são aceitas pela Receita Federal)	
> **2. SEGURO DE VIDA E ACIDENTES PESSOAIS-IMPORTANTE!**	
• **Opcional... Seguro de vida e acidentes pessoais**	**R$ XXXX**
> **3. PREVIDÊNCIA COMPLEMENTAR**	
• **Plano gerador de benefícios livres (PGBL) ou VGBL (Vida gerador de benefícios livres)**	**R$ XXXX**
> **4. TER UM TÉCNICO PARA CONSULTA (Contador)**	
• **Seus honorários não podem ser superiores a 50% do salário-mínimo. Para 2024 = 50% de 1.412,00 = R$ 706,00**	**R$ 706,00**

> 5. PODE TER UM EMPREGADO - com todos encargos	R$ XXXX
Subtotal. 1+2+3+4+5 DO CONTRATADO MEI – TOTAL = R$ 783,60 TOTAL (CONTRATANTE + CONTRATADA) A+B = R$ 2.893,60	

> ***Nota:*** Se o endereço de sua empresa for sua residência, há impostos diferenciados. Na cidade de São Paulo, o IPTU é diferenciado. Consulte um contador. ***Nota:*** Empregada doméstica não deve fazer a limpeza do escritório na casa do empresário, cujo CNPJ é da sua residência.

9.4. CÁLCULO DE CUSTOS DE EMPRESA DE PEQUENO PORTE – SIMPLES. TRABALHO EM *HOME OFFICE*

A	
> 1. INFRAESTRUTURA (Custo Mensal da contratante ou do EPP-SIMPLES)	
• Espaço na residência do empresário, ocupado para o escritório	R$ 360,00
• Despesa com luz/água/internet/limpeza a cada 15 dias	R$ 550,00
• Outros itens	XXXXXX
> 2. CUSTO EVENTUAL	
• Cadeira ergonométrica + ou -	R$ 1.200,00
• 2 computadores e impressora, dependendo de suas atividades	Ver mercado
• Ex. Designer Gráfico (computadores e impressora c/recursos)	R$ XXXXXX
• Acrescentar outros custos pontuais	R$ XXXXXX

> 3.MOBILIDADE QUANDO SOLICITADO PELA EMPESA CONTRATANTE	
• **Uber ou combustível para ir à sede**	**R$ XXXXXX**
• **Para outro Estado passagem aérea/hospedagem etc.**	**R$ XXXXXX**
CUSTO TOTAL. 1+2+3 DA CONTRATANTE	**R$ 2.110,00**
B	
EMPRESA DE PEQUENO PORTE – SIMPLES/TRABALHO EM *HOME OFFICE*	
> 1. TER UM TÉCNICO PARA CONSULTA E CONTABILIZAÇÃO (Contador)	
• **Honorários do técnico, na maioria um SM (dependendo do faturamento mensal) Faturamento bruto, unificando impostos ICMS, IPI, ITPJ, CSLL, PIS, COFINS, ISS e INSS patronal = pouco mais de 6%. IPTU pode ser diferenciado por aquele município, se a sede for no endereço de sua residência.** • **Renda bruta anual for superior a R$ 360.000,00 e igual ou inferior a R$ 4.800.000,00**	
> 1.1. % SOBRE FATURAMENTO BRUTO, avaliar com técnico se é vantagem	**R$ XXXXXX**
> 2. CONTRIBUIÇÃO DO INSS, PESSOA FÍSICA PELA GPS	
• **INSS valor total patronal está incluso no percentual de pouco mais de 6% do faturamento**	**R$ 000,00**
• **Para 2024, é descontado de sua retirada mensal 11% sobre honorários, até limite máximo = R$ 7.786,02 (limite máximo) X 11% = R$ 856,46 (§ 4º do artigo 30 da Lei nº 8.212/91)**	**R$ 856,46**
> 3. SEGURO DE VIDA E ACIDENTES PESSOAIS - IMPORTANTE!	
• **Opcional – Seguro de vida e acidentes pessoais**	**R$ XXXXX**

> **4. PREVIDÊNCIA COMPLEMENTAR**	
• **Plano gerador de benefícios livres (PGBL) ou VGBL (Vida gerador de benefícios livres) Opcional**	**R$ XXXXXX**
> **5. PODE TER EMPREGADOS - com todos os encargos**	**R$ XXXXXX**
CUSTO TOTAL. 1+2+3+4+5 DO CONTRATADO EPP - TOTAL	**R$ 856,46**
TOTAL (CONTRATANTE + CONTRATADA) A+B= R$ 2.966,46	

> **Nota dos professores:** **Se o endereço de sua empresa for sua residência, há impostos diferenciados. Na cidade de São Paulo, o IPTU é diferenciado. Consulte um contador.**

> **Obs.:** *Empregada doméstica não deve fazer a limpeza do escritório, para não caracterizar empregada em regime de CLT.*

10

TRABALHO REMOTO E TELETRABALHO COMPULSÓRIO E TRANSITÓRIO – PRESERVAÇÃO DO EMPREGO E DA RENDA

10.1. INTRODUÇÃO

Com a chegada da COVID-19, a Pandemia instalada no mundo e em especial no Brasil, após o Carnaval/2020, o governo edita a MP nº 936/2020, para que não houvesse uma convulsão social, preservando o emprego e a renda. Tal MP foi convertida na Lei nº 14.020, de 06.07.2020 (***DOU*** de 07.07.2020). Os empregadores tiveram que instituir o ***trabalho remoto*** **e o teletrabalho "compulsórios"**. Com a reforma trabalhista, que inseriu os artigos 75-A a 75-E na CLT, pela Lei 13.467/2017, foi o início do TELETRABALHO – TRABALHO REMOTO, que serviu de base quando chegou o COVID-19 e CORONAVÍRUS, trazendo uma PANDEMIA, e por meio de Medidas Provisórias até a chegada da Lei 14.020/2020, com medidas necessárias no momento de PANDEMIA, que afetou não só o trabalhador brasileiro, mas os trabalhadores de todo o mundo.

Eis o resumo da Lei nº 14.020/2020, aprovada pelo Congresso Nacional e sancionada pelo Presidente da República, para um momento de Força Maior. O professor Dr. Guilherme Tchakerian traz informações relevantes e atuais que se referem ao ato do Presidente da República em sancionar a Lei 14.020/2020, que converte a referida MP nesta Lei e traz novas possibilidades. Vejamos:

> **Resumo nos itens 10.1 a 10.14, e quadro sinótico de hipóteses de acordo individual ou coletivo nas regras da Lei 14.020/2020:**

10.2. PRAZOS PARA REDUÇÃO E SUSPENSÃO

Com base no artigo 7º, vemos que o empregador poderá acordar a redução proporcional de jornada de trabalho e de salário de seus empregados por até 90 dias, prorrogáveis por prazo determinado em ato do Poder Executivo, ou seja, poderá ocorrer essa prorrogação.

Em relação à suspensão, com base no artigo 8º, o empregador poderá acordar a suspensão temporária do contrato de trabalho de seus empregados pelo prazo máximo de 60 dias, fracionável em 2 (dois) períodos de até 30 (trinta) dias, podendo ser prorrogado por prazo determinado em ato do Poder Executivo. Bastante semelhante com a regra acima, ocorrendo apenas a mudança do prazo.

Importante destacar que as empresas que aplicaram os limites de redução, suspensão ou cumulados não podem se valer de novo prazo. Existe uma fortíssima possibilidade através de ato do Poder Executivo de extensão desse prazo. Com isso, podemos aplicar novas reduções e/ou suspensões.

10.3. REDUÇÃO E SUSPENSÃO SETORIAL/DEPARTAMENTAL TOTAL OU PARCIAL

De acordo com o artigo 7º, o empregador poderá acordar a redução proporcional de jornada de trabalho e de salário de seus empregados, de forma setorial, departamental, parcial ou na totalidade dos postos de trabalho.

10.4. GESTANTE E A PARTICIPAÇÃO NO RECEBIMENTO DO BENEFÍCIO EMERGENCIAL COM O RECONHECIMENTO DA GARANTIA PROVISÓRIA NO EMPREGO

> **Art. 10.** Fica reconhecida a garantia provisória no emprego ao empregado que receber o Benefício Emergencial de

Preservação do Emprego e da Renda, previsto no art. 5º desta Lei, em decorrência da redução da jornada de trabalho e do salário ou da suspensão temporária do contrato de trabalho de que trata esta Lei, nos seguintes termos:

(...)

III - no caso da empregada gestante, por período equivalente ao acordado para a redução da jornada de trabalho e do salário ou para a suspensão temporária do contrato de trabalho, contado a partir do término do período da garantia estabelecida na alínea "b" do inciso II do **caput** do art. 10 do Ato das Disposições Constitucionais Transitórias.

10.5. POSSIBILIDADE DE NEGOCIAR PORCENTAGEM DE REDUÇÃO DIVERSA E REGRA DE PAGAMENTO DA AJUDA

Art. 11. As medidas de redução proporcional de jornada de trabalho e de salário ou de suspensão temporária do contrato de trabalho de que trata esta Lei poderão ser celebradas por meio de negociação coletiva, observado o disposto nos arts. 7º e 8º desta Lei e no § 1º deste artigo.

§ 1º A convenção coletiva ou o acordo coletivo de trabalho poderão estabelecer redução de jornada de trabalho e de salário em percentuais diversos dos previstos no inciso III do ***caput*** do art. 7º desta Lei.

§ 2º Na hipótese prevista no § 1º deste artigo, o Benefício Emergencial de Preservação do Emprego e da Renda, de que tratam os arts. 5º e 6º desta Lei, será devido nos seguintes termos:

I - sem percepção do Benefício Emergencial de Preservação do Emprego e da Renda para a redução de jornada e de salário inferior a 25% (vinte e cinco por cento);

II - no valor de 25% (vinte e cinco por cento) sobre a base de cálculo prevista no art. 6º desta Lei para a redução de jornada e de salário igual ou superior a 25% (vinte e cinco por cento) e inferior a 50% (cinquenta por cento);

III - no valor de 50% (cinquenta por cento) sobre a base de cálculo prevista no art. 6º desta Lei para a redução de jornada e de salário igual ou superior a 50% (cinquenta por cento) e inferior a 70% (setenta por cento); e

IV - no valor de 70% (setenta por cento) sobre a base de cálculo prevista no art. 6º desta Lei para a redução de jornada e de salário igual ou superior a 70% (setenta por cento).

10.6. RENEGOCIAÇÃO DE ACORDOS FIRMADOS ANTERIORMENTE

Art. 11.

(...)

§ 3º As convenções coletivas ou os acordos coletivos de trabalho celebrados anteriormente poderão ser renegociados para adequação de seus termos, no prazo de 10 (dez) dias corridos, contado da data de publicação desta Lei.

10.7. MUDANÇA DA MARGEM DE SALÁRIO DO EMPREGADO PARA EMPRESAS COM LUCRO BRUTO INFERIOR A 4.8 MILHÕES

Art. 12. As medidas de que trata o art. 3º desta Lei serão implementadas por meio de acordo individual escrito ou de negociação coletiva aos empregados:

I - com salário igual ou inferior a R$ 2.090,00 (dois mil e noventa reais), na hipótese de o empregador ter auferido, no ano-calendário de 2023, receita bruta superior a R$ 4.800.000,00 (quatro milhões e oitocentos mil reais);

> **Nota: Essa Lei 14.020/2020, foi uma emergência de saúde pública de importância internacional decorrente do coronavírus, de que trata a Lei nº 13.979, de 6 de fevereiro de 2020. Embora ainda não foi revogada, no momento está em desuso, pelo término do estado calamitoso.**

10.8. POSSIBILIDADE DE SER FIRMADO ACORDO INDIVIDUAL SE NA PRÁTICA NÃO REDUZIR O VENCIMENTO DO EMPREGADO

Art. 12. As medidas de que trata o art. 3º desta Lei serão implementadas por meio de acordo individual escrito ou de negociação coletiva aos empregados:

(...)

§ 1º Para os empregados não enquadrados no ***caput*** deste artigo, as medidas de que trata o art. 3º desta Lei somente poderão ser estabelecidas por convenção coletiva ou acordo coletivo de trabalho, salvo nas seguintes hipóteses, nas quais se admite a pactuação por acordo individual escrito:

I - redução proporcional de jornada de trabalho e de salário ou suspensão temporária do contrato de trabalho quando do acordo não resultar diminuição do valor total recebido mensalmente pelo empregado, incluídos neste valor o Benefício Emergencial de Preservação do Emprego e da Renda, a ajuda compensatória mensal e, em caso de redução da jornada, o salário pago pelo empregador em razão das horas de trabalho.

10.9. APOSENTADO E A PARTICIPAÇÃO NO RECEBIMENTO DO BENEFÍCIO EMERGENCIAL

Art. 12.

(...)

§ 2º Para os empregados que se encontrem em gozo do benefício de aposentadoria, a implementação das medidas de redução proporcional de jornada de trabalho e de salário ou suspensão temporária do contrato de trabalho por acordo individual escrito somente será admitida quando, além do enquadramento em alguma das hipóteses de autorização do acordo individual de trabalho previstas no caput ou no § 1º deste artigo, houver o pagamento, pelo empregador, de ajuda compensatória mensal, observado o disposto no art. 9º desta Lei e as seguintes condições:

I - o valor da ajuda compensatória mensal a que se refere este parágrafo deverá ser, no mínimo, equivalente ao do benefício que o empregado receberia se não houvesse a vedação prevista na alínea "a" do inciso II do § 2º do art. 6º desta Lei;

II - na hipótese de empresa que se enquadre no § 5º do art. 8º desta Lei, o total pago a título de ajuda compensatória mensal deverá ser, no mínimo, igual à soma do valor previsto naquele dispositivo com o valor mínimo previsto no inciso I deste parágrafo.

10.10. POSSIBILIDADE DOS MEIOS ELETRÔNICOS PARA FIRMAR OS CONTRATOS

Art. 12.

(...)

§ 3º Os atos necessários à pactuação dos acordos individuais escritos de que trata este artigo poderão ser realizados por quaisquer meios físicos ou eletrônicos eficazes.

10.11. CUMULAÇÃO DOS PRAZOS NÃO PODE SER SUPERIOR A 90 DIAS

Art. 16. O tempo máximo de redução proporcional de jornada e de salário e de suspensão temporária do contrato de trabalho, ainda que sucessivos, não poderá ser superior a 90 (noventa) dias, respeitado o prazo máximo de que trata o art. 8º desta Lei, salvo se, por ato do Poder Executivo, for estabelecida prorrogação do tempo máximo dessas medidas ou dos prazos determinados para cada uma delas.

Parágrafo único. Respeitado o limite temporal do estado de calamidade pública de que trata o art. 1º desta Lei, o Poder Executivo poderá prorrogar o prazo máximo das medidas previstas no **caput** deste artigo, na forma do regulamento.

10.12. REDAÇÃO MAIS CLARA PARA AS GESTANTES

Art. 22. A empregada gestante, inclusive a doméstica, poderá participar do Programa Emergencial de Manutenção do Emprego e da Renda, observadas as condições estabelecidas nesta Lei.

§ 1º Ocorrido o evento caracterizador do início do benefício de salário-maternidade, nos termos do art. 71 da Lei nº 8.213, de 24 de julho de 1991:

I - o empregador deverá efetuar a imediata comunicação ao Ministério da Economia, nos termos estabelecidos no ato de que trata o § 4º do art. 5º desta Lei;

II - a aplicação das medidas de que trata o art. 3º desta Lei será interrompida; e

III - o salário-maternidade será pago à empregada nos termos do art. 72 da Lei nº 8.213, de 24 de julho de 1991, e à empregada doméstica nos termos do inciso I do **caput** do art. 73 da referida Lei, considerando-se como remuneração integral ou último salário de contribuição os valores a que teriam direito sem a aplicação das medidas previstas nos incisos II e III do **caput** do art. 3º desta Lei.

§ 2º Aplica-se o disposto neste artigo ao segurado ou segurada da Previdência Social que adotar ou obtiver guarda judicial para fins de adoção, observado o art. 71-A da Lei nº 8.213, de 24 de julho de 1991, devendo o salário-maternidade ser pago diretamente pela Previdência Social.

10.13. POSSIBILIDADE DE CANCELAMENTO DE AVISO PRÉVIO EM CURSO

Art. 23. Empregador e empregado podem, em comum acordo, optar pelo cancelamento de aviso prévio em curso.

Parágrafo único. Em caso de cancelamento do aviso prévio nos termos deste artigo, as partes podem, na forma desta Lei, adotar as medidas do Programa Emergencial de Manutenção do Emprego e da Renda.

10.14. REGRAS DA MP 936 SÃO MANTIDAS

Art. 24. Os acordos de redução proporcional de jornada de trabalho e de salário e de suspensão temporária do contrato de trabalho celebrados entre empregadores e empregados, em negociação coletiva ou individual, com base na Medida Provisória nº 936, de 1º de abril de 2020, regem-se pelas disposições da referida Medida Provisória.

Parágrafo único. A norma interpretativa expressa no § 5º do art. 12 desta Lei aplica-se, inclusive, aos acordos firmados na vigência da Medida Provisória nº 936, de 1º de abril de 2020.

A seguir, um **quadro sinótico** com o resumo de toda hipótese de acordo individual ou coletivo nas regras da Lei 14.020/2020:

Redução proporcional de jornada de trabalho e de salário	
Acordo individual	
Redução de 25%	Todos os empregados (obs.: para aposentados, deve ser observada a regra específica)
Reduções de 50% e 70%	• Empresa com receita bruta acima de R$ 4.8 milhões (2019): acordo com empregados com salário até R$ 2.090,00 ou hipersuficientes (diploma de nível superior e salário igual ou maior que R$ 12.202,12) • Demais empresas: acordos com empregados com salário até R$ 3.135,00 e hipersuficientes
Demais hipóteses de redução de 50% e 70%	Só se não houver redução do valor mensal antes recebido pelo empregado. Neste cálculo entram: salário reduzido + BEm + ajuda mensal compensatória da empresa
Empregado aposentado	• Além dos requisitos acima, empresa assume o custo do BEm
Convenção ou acordo coletivo de trabalho	
Todos os empregados, em qualquer % de redução Em % diverso de 25%, 50% e 70%, valor do BEm será nas faixas de: • < que 25%, BEm = 0; • ≥ que 25% e < que 50%, BEm = 25% do seguro-desemprego; • ≥ que 50% < que 70%, BEm = 50% do seguro-desemprego; • ≥ 70%, BEm = 70% do seguro-desemprego	

<table>
<tr><th colspan="2">Suspensão temporária do contrato de trabalho</th></tr>
<tr><td colspan="2">Acordo individual</td></tr>
<tr><td colspan="2">• Empresa com receita bruta acima de R$ 4.8 milhões (2019): acordos com empregados com salário até R$ 2.090,00 e hipersuficientes
• Demais empresas: acordos com empregados com salário até R$ 3.135,00 e hipersuficientes</td></tr>
<tr><td>Demais hipóteses de suspensão</td><td>Só se não houver redução do valor mensal antes recebido pelo empregado. Neste cálculo entram: BEm + ajuda mensal compensatória da empresa</td></tr>
<tr><td>Empregado aposentado</td><td>• Além dos requisitos acima, empresa assume o custo do BEm
• Empresa com receita bruta acima de R$ 4.8 milhões (2019): ajuda compensatória = 30% do salário + valor mínimo do BEm</td></tr>
<tr><td colspan="2">Convenção ou acordo coletivo de trabalho</td></tr>
<tr><td colspan="2">Todos os empregados</td></tr>
</table>

PARTE II
ORIENTAÇÃO DOS BENEFÍCIOS DA REFORMA PREVIDENCIÁRIA. CÁLCULOS DE APOSENTADORIAS COM EXEMPLOS PRÁTICOS. TRABALHO INTERMITENTE DA REFORMA TRABALHISTA. ASPECTOS PRÁTICOS E LEGAL. LEI Nº 14.442 DE 2/9/2022 – CAPÍTULOS 18 A 20

11

REFORMA PREVIDENCIÁRIA. VÁRIOS PONTOS ABORDADOS. CÁLCULOS DE APOSENTADORIAS COM EXEMPLOS PRÁTICOS

11.1. TIPOS DE PREVIDÊNCIA

CF = Constituição Federal

EC = Emenda Constitucional 103, de 13/11/2019

RPPS art. 40 e 22 §§ da CF

RGPS Caput do art. 201, incisos I ao V e 16 §§ da CF

Polícia Militar artigos 42, 142 e 143 da CF

Regime Próprio de Previdência Complementar art. 202 e §§ da CF

Regime Próprio de Previdência Social art. 202 e seus §§ da CF

A Emenda Constitucional nº 103/2019, trouxe grande mudança, corrigindo distorções do modelo anterior, trazendo uma equidade entre os regimes previdenciários, com uma adequação ao novo perfil demográfico brasileiro.

O objetivo é garantir o equilíbrio e a sustentabilidade do sistema para as presentes e futuras gerações.

> 1) Regime Próprio de Previdência Social (RPPS)

É vedada a instituição de novos RPPS.

Segundo preceitua a Emenda Constitucional é vedado instituir novos RPPS, o que já existem terá uma Lei Federal estabelecerá normas gerais de organização, de funcionamento e de responsabilidade em sua gestão, dispondo dez incisos do § 22, entre outros aspectos.

> 2) Regime Geral de Previdência Social (RGPS)

O *Caput* do art. 201 da CF, preceitua que a previdência social será organizada sob a forma do Regime Geral de Previdência Social, de caráter contributivo e de filiação obrigatória, observados critérios que preservem o equilíbrio financeiro e atuarial, trazendo no texto legal 5 incisos e 16 §§.

> 3) Polícia Militar (RPPS)

A reforma para os militares tem uma proposta aprovada em separada. Na CF temos os artigos 42, 142 e 143, fazendo referência.

> 4) Regime Próprio de Previdência Complementar (RPPC)

Conforme determina o art. 202 da CF, o regime de previdência privada, de caráter complementar e organizado de forma autônoma em relação ao regime geral de previdência social, será facultativo, baseado na constituição de reservas que garantam o benefício contratado, e regulado por lei complementar.

Assegurará ao participante de planos de benefícios de entidades de previdência privada o pleno acesso às informações relativas à gestão de seus respectivos planos.

› 5) Regime Próprio de Previdência Social (RPPS)

É vedado o aporte de recursos a entidade de previdência privada pela União, Estados, Distrito Federal e Municípios, suas autarquias, fundações, empresas públicas, sociedades de economia mista e outras entidades públicas, salvo na qualidade de patrocinador, situação na qual, em hipótese alguma, sua contribuição normal poderá exceder a do segurado.

Lei Complementar estará disciplinando a relação entre União, Estados, Distrito Federal ou Municípios, inclusive suas autarquias, fundações, sociedades de economia mista e empresas controladas direta ou indiretamente, enquanto patrocinadores e planos de benefícios previdenciários, e as entidades de previdência complementar.

11.1.1. Cálculos dos benefícios

CF = Constituição Federal

EC = Emenda Constitucional 103, de 13/11/2019

Foi unificado o cálculo dos benefícios do

- Regime Próprio da Previdência Social (RPPS)
- Regime Geral da Previdência Social (RGPS) e
- Atividades Militares (artigos: 42 e 142 da CF)

Art. 26, com seus §§ e incisos da Emenda Constitucional, detalham os correspondentes valores.

› FORMA DE CALCULAR

Média aritmética simples dos salários de contribuição e das remunerações adotados como base para contribuições a regime próprio de previdência social e ao Regime Geral de Previdência Social, ou como base para contribuições decorrentes das atividades militares, desde julho/1994 ou desde o início da contribuição, se posterior àquela competência.

O § 7º do art. 26 dispõe: Os benefícios serão reajustados nos termos estabelecidos para o RGPS.

11.2. APOSENTADORIA DOS SERVIDORES

> PÚBLICOS

As mudanças valem apenas para os **servidores públicos federais** porque estados e municípios foram retirados da reforma pela Câmara dos Deputados.

CF = Constituição Federal

EC = Emenda Constitucional 103, de 13/11/2019

> 1) Após 13/11/2019 – Nova regra – como fica

Só será possível se aposentar por idade: (art. 40, § 1º, inciso III da CF e art. 10, § 1º da EC)

- Homens: 65 anos de idade
- Mulheres: 62 anos de idade
- 25 anos de contribuição
- 10 anos de efetivo serviço no cargo público e
- 5 anos no último cargo

Regras precedendo a 13/11/2019 até a promulgação da Emenda Constitucional

Para quem ingressou no serviço público a partir de 2004, após a EC nº 41/2003. Art. 4º da EC 103/2019

> 2) Aposentadoria por idade até 13/11/2019

- Homem: 61 anos de idade

- Mulher: 56 anos de idade
- 30 anos de contribuição
- 20 anos no serviço público e
- 5 anos no último no cargo

> 2.1. A partir de 1º de janeiro de 2022 – § 1º do art. 4º da EC

- Homem: 62 anos de idade
- Mulher: 57 anos de idade
- 30 anos de contribuição
- 20 anos no serviço público e
- 5 anos no último no cargo

> 3) Aposentadoria por tempo de contribuição – Art. 20 da EC, filiado até 13/11/2019

- Homem: 60 anos de idade e 35 anos de contribuição
- Mulher: 57 anos de idade e 30 anos de contribuição
- 20 anos no serviço público e
- 5 anos no último no cargo

> Cálculo do benefício – precedendo a 13/11/2019

Até 13/11/2019:

Depende de quando o empregado entrou no serviço público. Os que entraram após 31 de dezembro de 2003, tem o benefício calculado com os 80% maiores salários de contribuição desde julho de 1994. Só recebem acima do teto do INSS (hoje em R$ 5.839,45) se contribuírem com uma previdência complementar.

Após 13/11/2019 – Nova regra

Como fica:

Quem cumpre os prazos mínimos de 62 anos (mulher) ou 65 anos (homem) e 25 anos de contribuição tem direito a 60% da média, com 2% a mais por ano que contribuir além de 20 anos.

Cálculo da média (art. 26 da EC) para todos Regimes e militares

O cálculo é feito de 100% do período contributivo desde a competência julho/1994 ou desde o início da contribuição, se posterior à competência de julho/94.

Esses valores de contribuições serão atualizados monetariamente.

Esse procedimento de cálculo da média será dos RPPS, RGPS e Militares, conforme preceitua o art. 26 da EC.

Regra de transição

Quem está perto de se aposentar pode escolher entre duas regras de transição. A segunda faz com que servidores que ingressaram há mais tempo no serviço público tenham acesso mais cedo a um benefício maior.

1) Sistema de pontos – art. 4º, inciso V da EC

Mulher

Em 2019, o somatório da idade com o tempo de contribuição deve ser de 86 pontos. A pontuação sobe um ponto a cada ano até chegar a 100 pontos em 2033. Além dos pontos, é preciso ter ao menos 30 anos de contribuição, 20 anos de efetivo exercício no serviço público, e cinco anos no cargo que vai se aposentar. Haverá ainda uma idade mínima de 56 anos, em 2019, e 57 anos, em 2022.

100 pontos – 86 = 14 pontos

2019 + 14 pontos = 2033

Resumindo

2019 = 86 pontos, 1 cada ano até 100 pontos

30 anos de contribuição

20 anos de efetivo exercício no serviço público

5 anos no cargo para se aposentar

Homem

Em 2019, o somatório da idade com o tempo de contribuição deve ser de 96 pontos. A pontuação sobe um ponto a cada ano até chegar a 105 pontos em 2028. Além dos pontos, é preciso ter ao menos 35 anos de contribuição, 20 anos de tempo de serviço público, dez anos na carreira e cinco anos no cargo que vai se aposentar. Haverá ainda uma idade mínima de 61 anos, em 2019, e 62 anos, em 2022.

105 pontos - 96 pontos = 9 pontos

2019 + 9 pontos = 2028

Resumindo

2019 = 86 pontos, 1 cada ano até 100 pontos

30 anos de contribuição

20 anos de efetivo exercício no serviço público

5 anos no cargo para se aposentar

Valor da aposentadoria: será integral (igual ao último salário) para quem entrou no serviço público **até 31 de dezembro de 2003**, ou seja, até a EC nº 41, de 19-12-2003, *DOU* de 31-12-2003.

Para quem entrou depois ou participa de fundo complementar de aposentadoria, o valor será 100% da média de todas as contribuições.

2) Pedágio de 100% de contribuição a partir de 13/11/2019

Mulher

Poderá se aposentar a partir dos 57 anos, mas precisa cumprir um **pedágio de 100%** do tempo que falta para chegar aos 30 anos de contribuição na data em que a reforma entrar em vigor. **Art. 20, inciso IV da EC.**

Homem

Poderá se aposentar a partir dos 60 anos, mas precisa cumprir um **pedágio de 100%** do tempo que falta para chegar aos 35 anos de contribuição na data em que a reforma entrar em vigor. **Art. 20, inciso IV da EC.**

Valor da aposentadoria integral: será integral (igual ao último salário) para quem entrou no serviço público até **31 de dezembro de 2003**, ou seja, até a EC nº 41, de 19-12-2003, *DOU* de 31-12-2003.

Os que entraram após 31 de dezembro de 2003, tem o benefício calculado com os 80% maiores salários de contribuição desde julho de 1994. Só recebem acima do teto do INSS (hoje em R$ 5.839,45) se contribuírem com uma previdência complementar.

A partir de 13/11/2019, o valor será **100% da média de todas as contribuições**, conforme preceitua art. 26 da EC, até o valor máximo do RGPS (**§ 2º do art. 26 da EC).**

> QUEM CUMPRE O PRAZO MÍNIMO SERÁ:

Quem cumpre os prazos mínimos de 62 anos (mulher) ou 65 anos (homem) e 25 anos de contribuição tem direito a 60% da média, com 2% a mais por ano que contribuir além de 20 anos para homens e além de 15 anos para as mulheres do RGPS, ***§§ 2º e 5º do art. 26 da EC.***

11.3. SALÁRIO-FAMÍLIA E AUXÍLIO-RECLUSÃO

> Regime Geral da Previdência Social (RGPS)

***Caput* do art. 27 e §§ 1º e 2º da EC e Inciso IV do art. 201 da CF**

CF = Constituição Federal

EC = Emenda Constitucional 103, de 13/11/2019

A partir de 1º/1/2024, passou a ser:

O **Salário-família** para os dependentes dos segurados de baixa renda.

Renda bruta mensal igual ou inferior a **R$ 1.819,26** (um mil e oitocentos e dezenove reais e vinte e seis centavos), seu valor será de **R$ 62,04** (cinquenta e nove reais e oitenta e dois centavos).

AUXÍLIO-RECLUSÃO § 2º do art. 27 da EC

Seu cálculo será realizado na forma daquele aplicável à pensão por morte, não podendo exceder (**R$ 1.819,26**) que é superior ao salário-mínimo (R$1.412,00), Portaria Interministerial MPS/MF nº 2, de 11/1/2024 - *DOU* de 12/1/2024.

11.4. APOSENTADORIAS. REGRAS DE TRANSIÇÃO

Para quem está próximo de se aposentar, existe algumas regras de transição, como vemos a seguir:

> 1) Idade mínima – *§ 1º do art. 16 da EC*

Mulher: inicia aos **56 anos** de idade e sobe seis meses até atingir 62 anos, em 2031. O tempo mínimo de contribuição é de 30 anos.

Homem: inicia aos **61 anos** de idade e sobe seis meses até atingir 65 anos, em 2027. O tempo mínimo de contribuição é de 35 anos.

Já terá o valor da aposentadoria calculado pela nova regra.

> 2) Sistema de pontos – *art. 15, inciso II da EC*

Mulher: a soma da idade com o tempo de contribuição deve ser de **86 pontos**. A pontuação sobe um ponto a cada ano até chegar a 100 pontos em 2033. É preciso ter ao menos **30 anos** de contribuição.

Homem: a soma da idade com o tempo de contribuição deve ser de **96 pontos**. A pontuação sobe um ponto a cada ano até chegar a **105 pontos** em 2028. É preciso ter ao menos **35 anos** de contribuição.

Já terá o valor da aposentadoria calculado pela nova regra.

> 3) Pedágio de 50% ao RGPS e aplica o Fator Previdenciário – art. 17 da EC

Mulher: Contribuiu por pelo menos **28 anos** ou mais, precisa cumprir um pedágio de 50% do tempo que falta para chegar aos **30 anos** de contribuição. Não há idade mínima.

Homem: Contribuiu por pelo menos **33 anos** ou mais, precisa cumprir um pedágio de 50% do tempo que falta para chegar aos **35 anos** de contribuição. Não há idade mínima.

Valor da aposentadoria: será igual a 100% da média de todas as contribuições, com aplicação do fator previdenciário.

Averiguar se é vantagem com a aplicação do fator previdenciário.

> 4) Pedágio de 100% – art. 20, inciso IV da EC

Mulher: poderá se aposentar a partir dos **57 anos**, mas precisa cumprir um pedágio de 100% do tempo que falta para chegar aos **30 anos** de contribuição na data em que a reforma entrar em vigor.

Homem: poderá se aposentar a partir dos **60 anos**, mas precisa cumprir um pedágio de 100% do tempo que falta para chegar aos **35 anos** de contribuição na data em que a reforma entrar em vigor.

Valor da aposentadoria: será igual a 100% da média de todas as contribuições.

> Transição da aposentadoria por idade – art. 18 da EC e § 2º do art. 26 da CF

Mulher: até **13/11/2019**, consegue se aposentar com 60 anos de idade e 15 anos de contribuição. A idade mínima, porém, passa a subir seis meses a cada ano até chegar aos 62 anos, em 2023.

Homem: não há transição, já que os requisitos para quem está na ativa serão os mesmos que valem até **13/11/2019**, para se aposentar por idade (65 anos de idade e 15 anos de contribuição).

Já terá o valor da aposentadoria calculado pela nova regra.

Art. 26, § 2º, da EC, 60% do valor do benefício.

Serão atualizados monetariamente, conforme *caput* do art. 26.

11.5. APOSENTADORIA POR IDADE

> Regime Geral da Previdência Social (RGPS)

CF = Constituição Federal

EC = Emenda Constitucional 103, de 13/11/2019

Art. 19 da EC

Regras gerais

Até 13/11/2019, precedendo a EC – Como era:

Mulher: 60 anos de idade.

Homem: 65 anos de idade.

- 15 anos de contribuição.

Após 13/11/2019, como fica:

Mulher: 62 anos.

Homem: 65 anos.

- 15 anos de contribuição (ambos os sexos) para quem já está no mercado de trabalho.
- Homens que começarem a contribuir depois da reforma terão que cumprir 20 anos de contribuição. Para mulheres, segue 15 anos.

Valor da aposentadoria

Até 13/11/2019, precedendo a EC – Como era:

- O INSS calcula a média salarial com os 80% maiores salários de contribuição desde julho de 1994, descartando as contribuições mais baixas. Depois, considera 70% da média salarial mais 1% a cada ano de contribuição.

Após 13/11/2019, como fica

- A média salarial vai considerar todos os salários de contribuição (100%).
- Quem cumpre os prazos mínimos de 62 anos (mulher) ou 65 anos (homem) e 15 anos de contribuição tem direito a 60% da média.
- Mulheres ganham mais 2% a cada ano trabalhado depois dos 15 anos de contribuição, e homens após os 20 anos de contribuição.

- Assim, para receber 100%, mulheres terão que contribuir por 35 anos, e homens, por 40 anos.
- A aposentadoria não pode ser maior do que o teto do INSS. Em 2019, ele é de R$ 5.839,45, em 2024, é de R$ 7.786,02.
- Esses valores de contribuições serão atualizados monetariamente, *caput* do art. 26 da EC.

11.6. APOSENTADORIA POR TEMPO DE CONTRIBUIÇÃO

CF = Constituição Federal

EC = Emenda Constitucional 103, de 13/11/2019

Art. 15 da EC

Regras gerais

Até 13/11/2019, precedendo a EC – Como era:

1) Pelo fator previdenciário

Mulher: 30 anos de contribuição

Homem: 35 anos de contribuição

Não há idade mínima, mas há aplicação do fator previdenciário

2) Pela fórmula de pontos 86/96

Mulher: soma da idade com tempo de contribuição de 86 pontos

Homem: soma da idade com tempo de contribuição de 96 pontos

É preciso ter ao menos 30 anos de contribuição (mulheres) e 35 anos de contribuições (homens).

Ao que iniciou sua contribuição **antes de** 13/11/2019, e queira se aposentar pela fórmula de pontos, a partir de 1º/1/2020, a pontuação será acrescida de 1 (um) ponto, até atingir o limite de 100 (cem) pontos, se mulher, e de 105 (cento e cinco) pontos, se homem ***(§ 2º do art. 15 da EC)***.

Após 13/11/2019, como fica:

A aposentadoria pelo fator e pela fórmula 86/96 **deixam de existir**, aos que iniciam a contribuição após 13/11/2019.

Para se aposentar será preciso ter 62 anos de idade (mulheres) ou 65 anos (homens), além de 15 anos de contribuição para quem já está trabalhando.

Homens que começarem a contribuir depois de 13/11/2019, terão que cumprir 20 anos de contribuição. Para mulheres, segue 15 anos para o RGPS, ***§ 5º do art. 26.***

Valor da aposentadoria

Até 13/11/2019, precedendo a EC – Como era:

O INSS calcula a média salarial com os 80% maiores salários de contribuição desde julho de 1994. Na aposentadoria pelo fator previdenciário, o INSS multiplica a média salarial pelo fator previdenciário, que varia de acordo com a idade e com o tempo de contribuição do trabalhador.

Pela fórmula de pontos 86/96, não há desconto, e o valor do benefício é de 100% da média salarial.

Após 13/11/2019, como fica:

- A média salarial vai considerar todos os salários de contribuição (100%).
- Quem cumpre os prazos mínimos de 62 anos (mulher) ou 65 anos (homem) e 15 anos de contribuição tem direito a 60% da média.
- **Mulheres** ganham mais 2% a cada ano trabalhado depois dos 15 anos de contribuição, e **homens** após os 20 anos de contribuição.
- Para receber 100%, mulheres terão que contribuir por 35 anos, e homens, por 40 anos.
- A aposentadoria não pode ser maior que o teto do INSS. Em 2020, ele é de R$ 6.101,06.
- Esses valores de contribuições serão atualizados monetariamente, *caput* do art. 26 da EC.

11.7. APOSENTADORIA POR INVALIDEZ

CF = Constituição Federal

EC = Emenda Constitucional 103, de 13/11/2019

Art. 26, inciso III da EC

Regras gerais

É o benefício dado aos segurados que perdem a capacidade de trabalho. Essa aposentadoria é concedida por um perito médico do INSS.

A reforma muda o cálculo desse benefício.

Até 13/11/2019, precedendo a EC – Como era:

O aposentado por invalidez recebe 100% de sua média salarial, calculada com os 80% maiores salários de contribuição desde julho de 1994.

Após 13/11/2019, como fica:

Devem ser considerados todos os salários de contribuição desde julho de 1994 para calcular a média salarial, o que acaba reduzindo o valor se comparado até 13/11/2019. Depois, serão considerados 60% dessa média salarial, mais 2% a cada ano que exceder 20 anos de contribuição, ***art. 26 § 2º da EC*** e 15 anos para as mulheres do RGPS, ***art. 26 § 5º da EC.***

Nas hipóteses de acidente de trabalho, doenças profissionais e doenças do trabalho, o valor da aposentadoria será de 100% da média salarial.

Esses valores de contribuições serão atualizados monetariamente, *caput* do art. 26 da EC.

11.8. APOSENTADORIA DO DEFICIENTE

CF = Constituição Federal

EC = Emenda Constitucional 103, de 13/11/2019

Inciso I, do § 1º do art. 201 da CF

Art. 22 da EC

Lei Complementar nº 142, de 8 de maio de 2013, artigos 3º ao 6º

Regras gerais

A reforma previdenciária, muda a regra de aposentadoria dos deficientes e o valor que vão receber.

Regra da aposentadoria por idade

Até 13/11/2019, precedendo a EC – Como era:

Idade mínima de 60 anos para homens e 55 anos para mulheres, além de ao menos 15 anos de contribuição como deficiente. O valor do benefício é de 70% da média salarial (80% maiores salários de contribuição desde julho de 1994), mais 1% a cada ano de contribuição, até o limite de 100%.

Como fica:

Essa modalidade deixa de existir.

Regra da aposentadoria por tempo de contribuição

Até 13/11/2019, precedendo a EC – Como era:

O tempo de contribuição varia de acordo com o grau da deficiência e há distinção entre homens e mulheres.

Grau leve: 33 anos de contribuição, se homem, e 28 anos, se mulher.

Grau moderado: 29 anos de contribuição, se homem, e 24 anos, se mulher.

Grau grave: 25 anos de contribuição, se homem, e 20 anos se mulher.

O valor do benefício é de 100% da média salarial (80% maiores salários de contribuição desde julho de 1994).

Após 13/11/2019, como fica:

Segundo o art. 22 da EC, será concedida na forma da Lei Complementar nº 142, de 8/5/2013.

É assegurada a concessão de aposentadoria pelo RGPS ao segurado com deficiência, observadas as seguintes condições: (incisos I a IV da Lei Complementar nº 142/2013).

- Segurado com deficiência grave: 25 anos de contribuição, se homem, e 20 anos, se mulher

- Segurado com deficiência moderada: 29 anos de contribuição, se homem, e 24 anos, se mulher

- Segurado com deficiência leve: 35 anos de contribuição

- Aos 60 anos de idade, se homem, e 55 anos de idade, se mulher, independentemente do grau de deficiência, desde que cumprido tempo mínimo de 15 anos e comprovada a existência de deficiência durante igual período

O tempo de contribuição varia de acordo com o grau de deficiência. A regra é a mesma para homens e mulheres.

O valor do benefício será de 100% da média salarial, sem incidência de fator previdenciário.

Servidor Público (art. 22 da EC):

Servidor público, o tempo mínimo de 10 anos de efetivo exercício no serviço público e de 5 anos no cargo em que foi concedida a aposentadoria.

Regulamento do Poder Executivo definirá as deficiências grave, moderada e leve para os fins desta Lei Complementar.

Avaliação da deficiência

A avaliação da deficiência será médica e funcional, nos termos do Regulamento.

O grau de deficiência será atestado por perícia própria do Instituto Nacional do Seguro Social - INSS, por meio de instrumentos desenvolvidos para esse fim.

11.9. APOSENTADORIA DE PROFESSORES

CF = Constituição Federal

EC = Emenda Constitucional 103, de 13/11/2019

§ 5º do art. 40 da CF

§§ 7º e 8º do art. 201 da CF

Art. 20 da EC

Inciso II do § 1º do art. 19 da EC

Professor que comprove tempo de efetivo exercício das funções de magistério na educação infantil, fundamental e médio fixado em lei complementar.

A redução de anos para sua aposentadoria de professores e demais benefícios é por ser considerado uma atividade PENOSA.

Até 13/11/2019, precedendo a EC – Como era:

Foram diversas regras para essa categoria. Em geral, professores da rede pública federal de ensino podem se aposentar a partir dos 55 anos (homens) e 50 anos (mulheres). São exigidos ainda dez anos no serviço público e cinco anos no mesmo cargo.

As regras de servidores, nas mudanças da reforma valem apenas para professores da rede federal de ensino, no caso do serviço público. Estados e municípios não foram inclusos.

PROFESSORES DE REDE PARTICULAR (RGPS)

Professores da rede particular da educação básica (infantil, fundamental e médio) podem se aposentar com 30 anos de contribuição (homens) e 25 anos (mulheres).

Pontos

Também podem se aposentar quando a soma da idade e do tempo de contribuição for de 81 pontos para as mulheres e 91 pontos para os homens.

Regras de transição:

Professores também terão regras de transição mais brandas para poderem se aposentar.

Pedágio de 100%

- Mulher: poderá se aposentar a partir dos 52 anos, mas precisa cumprir um pedágio de 100% **de contribuição** do tempo que falta para se aposentar.

- Homem: poderá se aposentar a partir dos 55 anos, mas precisa cumprir um pedágio de 100% **de contribuição** do tempo que falta para se aposentar.

Inciso IV do art. 20 da EC

Professor servidor público federal: será integral (igual ao último salário) para quem entrou no serviço público **até 31 de dezembro de 2003**, ou seja, até a EC nº 41, de 19-12-2003, *DOU* de 31-12-2003.

Inciso I do § 2º do art. 20 da EC

Para quem entrou depois ou participa de fundo complementar de aposentadoria, o valor será 100% da média de todas as contribuições.

Idade mínima

- Mulher: começa aos 51 anos de idade e sobe seis meses a cada ano, até atingir 57 anos
- Homem: começa aos 56 anos de idade e sobe seis meses a cada ano, até atingir 60 anos

§§ 1º e 2º do art. 16 da EC

Sistema de pontos

- **Mulher:** a soma da idade com o tempo de contribuição deve ser de 81 pontos. A pontuação sobe a partir de 2020 até chegar a 92 pontos em 2030
- **Homem:** a soma da idade com o tempo de contribuição deve ser de 91 pontos. A pontuação sobe a partir de 2020 até chegar a 100 pontos em 2028

§ 3º do art. 15 da EC

Após 13/11/2019, como fica:

- **60** anos de idade, se homem
- **57** anos de idade, se mulher

Para se aposentar, será necessário ter pelo menos 60 anos de idade (homens) ou 57 anos (mulheres) e 25 anos de tempo de contribuição. Isso vale tanto para os **profissionais de escolas particulares, quanto das federais**, no caso destes, ainda é necessário ter 20 anos de efetivo serviço público e 5 anos no cargo.

11.10. APOSENTADORIA DE POLÍTICOS

CF = Constituição Federal

EC = Emenda Constitucional 103, de 13/11/2019

Art. 14, §§ 1º, 2º e 3º da EC

Regras também valem apenas para políticos federais, porque estados e municípios foram retirados da reforma pela Câmara.

- **Até 13/11/2019, precedendo a EC - Como era:**

Aposentadoria especial com idade mínima de 60 anos e 35 anos de contribuição. Para cada ano trabalhado como parlamentar, eles recebem como aposentadoria o valor de 1/35 do seu salário. Se o político passar 35 anos como parlamentar, ele poderá se aposentar recebendo o valor do seu salário.

- **Após 13/11/2019, como fica:**

Novos políticos que forem eleitos terão que se aposentar com 65 anos para homens e 62 anos para mulher, além de 15 anos de contribuição. O salário estará limitado ao teto do INSS (R$ 5.839,45, em 2019).

- **Regra de transição:**

Parlamentares que já têm mandatos poderão continuar com o direito à aposentadoria especial, mas terão que cumprir a idade mínima de 65 anos para homens e 62 anos para mulher, além de pagar um período adicional correspondente a 30% sobre o tempo de contribuição.

Os segurados, atuais e anteriores, do regime de previdência de que trata a Lei nº 9. 506, de 30 de outubro de 1997, (Lei que extingue o Instituto de Previdência dos Congressistas) que fizeram a opção de permanecer nesse regime previdenciário, deverão cumprir adicional correspondente a 30% (trinta por cento) do tempo de contribuição que falta para eles se aposentarem.

Por meio de opção expressa formalizada no prazo de 180 (cento e oitenta) dias, a partir de 13/11/2019, entrada em vigor da EC, retirar-se dos regimes previdenciários aos quais de encontram vinculados.

11.11. APOSENTADORIA DE POLICIAIS CIVIS E FEDERAIS

CF = Constituição Federal

EC = Emenda Constitucional 103, de 13/11/2019

Art. 5º da Emenda Constitucional

Inciso XIV do art. 21 da CF

Inciso IV do art. 51 da CF

Inciso XIII do art. 52 da CF

Incisos I, II e III do caput do art. 144 da CF

A reforma atinge policiais federais, agentes penitenciários e socioeducativos federais e policiais civis do Distrito Federal.

Até 13/11/2019, precedendo a EC - Como era:

- Homem: 30 anos de contribuição e 20 anos de tempo de exercício na função

- Mulher: 25 anos de contribuição e 15 anos de tempo de exercício na função

Inciso II do art. 1º da Lei Complementar nº 51, de 20-12-1985

Após 13/11/2019, como fica:

Inclui os agentes penitenciários e socioeducativos nas regras e estabelece **mesmos critérios para homens e mulheres.**

- **Homens:** 55 anos de idade, 30 anos de contribuição e 25 anos de tempo de exercício na função

- **Mulheres:** 55 anos de idade, 30 anos de contribuição e 25 anos de tempo de exercício na função

Regra de transição:

- **Homens:** idade mínima de 53 anos se cumprir pedágio de 100% sobre o tempo de contribuição que falta para se aposentar pelas regras atuais (30 anos de contribuição e 20 anos no cargo) na data em que a reforma entrar em vigor, ou seja, 13/11/2019

- **Mulheres:** idade mínima de 52 anos se cumprir pedágio de 100% sobre o tempo de contribuição que falta para se aposentar pelas regras atuais (25 anos de contribuição e 15 anos no cargo) na data em que a reforma entrar em vigor, ou seja, 13/11/2019

11.12. REESTRUTURAÇÃO PARA MILITARES

A reforma para os militares foi separada da proposta encaminhada para os demais trabalhadores. As mudanças para a categoria foram apresentadas pela Lei nº 13.954, de 16-12-2019 – DOU de 17-12-2019 e não precisam de alterações na Constituição.

Ver pelo *site*: www.planalto.gov.br

As Forças Armadas dizem que, tecnicamente, os militares não se aposentam, e sim passam à inatividade remunerada. Já especialistas afirmam que a nomenclatura não é importante e, na prática, trata-se de aposentadoria. Policiais militares e bombeiros militares entraram nessas mesmas regras.

Até 17/12/2019, precedendo a Lei nº 13.954/2019 – Como era:

Tempo de serviço

O tempo mínimo de serviço para aposentadoria era de 30 anos.

Idade para ir para a reserva:

Um soldado que não consiga progredir na carreira vai para a reserva aos 44 anos (menor idade possível). No maior posto, um general do Exército pode ficar na ativa até os 66 anos.

Número de dependentes:

Há oito categorias de dependentes que podem receber a pensão, como a esposa, o filho menor de 21 anos ou inválido e a filha solteira e o filho estudante menor de 24 anos, desde que não recebam remuneração. Há também dez categorias que podem receber a pensão desde comprovem dependência econômica e que viviam sob o mesmo teto do militar que morreu, como a filha divorciada ou viúva, a mãe solteira e separada, os avós e pais inválidos.

Alíquota de contribuição: Ativos e inativos pagam uma alíquota de 7,5%.

Após 13/11/2019, como fica:

Tempo de serviço:

O tempo mínimo de serviço para aposentadoria passaria a ser de 35 anos. A exigência valerá apenas para novos ingressantes das Forças Armadas. Quem está na ativa precisará cumprir um pedágio de 17% sobre o tempo que falta hoje para a reserva.

Regras de transição

Vejamos apenas o art. 22 da Lei nº 13.954, de 16-12-2019 DOU de 17-12-2019:

> **"Art. 22. Em relação às alterações promovidas pelo art. 2º desta Lei aos incisos II e III do caput do art. 50, ao art. 56 e ao art. 97 da Lei nº 6.880, de 9 de dezembro de 1980 (Estatuto dos Militares), que tratam do acréscimo de tempo de serviço de 30 (trinta) para 35 (trinta e cinco) anos, são estabelecidas as seguintes regras de transição:**
>
> **I - o militar da ativa que, na data da publicação desta Lei, contar 30 (trinta) anos ou mais de serviço terá assegurado o direito de ser transferido para a inatividade com todos os direitos previstos na Lei nº 6.880, de 9 de dezembro de 1980 (Estatuto dos Militares), até então vigentes; e**
>
> **II - o militar da ativa que, na data da publicação desta Lei, contar menos de 30 (trinta) anos de serviço deverá cumprir:**
>
> **a) o tempo de serviço que faltar para completar 30 (trinta) anos, acrescido de 17% (dezessete por cento); e**
>
> **b) o tempo de atividade de natureza militar de 25 (vinte e cinco) anos nas Forças Armadas, que, em relação aos militares a que se refere o inciso I do caput do art. 97 da Lei nº 6.880, de 9 de dezembro de 1980 (Estatuto dos Militares), será acrescido de 4 (quatro) meses a cada ano, a partir de 1º de janeiro de 2021, até atingir 30 (trinta) anos."**

O RESTANTE

Idade de ir para a reserva

Número de dependentes

Alíquotas de contribuição

- Entre outros detalhes, ver na Lei nº 13.954, de 16-11-2019 – *DOU* de 17-12-2019, merecedor da edição de livro para as forças armadas.

Ver pelo *site:* www.planalto.gov.br

11.13. PENSÃO POR MORTE

CF = Constituição Federal

EC = Emenda Constitucional 103, de 13/11/2019

Inciso V, do art. 201 da CF

Artigos 23 e 24 da EC e seus §§

A pensão por morte concedida aos dependentes, houve alteração no valor a recebido e a forma de acumulação de benefícios.

- **Até 13/11/2019, precedendo a EC - Como era:**

CÁLCULO

Se o segurado que morreu era aposentado

100% do valor da aposentadoria

Se o segurado morre sem ser aposentado

Calcula-se a média salarial com os 80% maiores salários de contribuição desde julho de 1994 até a morte do segurado. Esse será o valor que o dependente irá receber.

- **Após 13/11/2019, como fica:**

CÁLCULO

Tanto ao Regime Geral da Previdência Social (RGPS), quanto aos Regimes Próprios de Previdência dos Servidores Públicos (RPPS).

> 1) COTA FAMILIAR

Pela nova regra é criada uma "cota familiar", no valor correspondente a 50%.

> 2) COTAS INDIVIDUAIS

Serão acrescidas "cotas individuais", de 10% para cada dependente do instituidor, até o limite de **100%**, ou seja, 5 (cinco).

Exemplo de Servidor Público - *caput do art. 23 da EC*

Veio a falecer homem e deixou esposa e 1 filho dependente, com uma aposentadoria de R$ 3.600,00

Cota familiar = 50%

Cotas individuais 2 (duas), esposa e filho = 10% + 10% = 20%

50% + 20% = 70%

70% de R$ 3.600,00 = R$ 2.520,00

Pensão = R$ 2.520,00

PENSÃO EM FRUIÇÃO NA DATA DO ÓBITO

Este percentual é que incidirá sobre o valor dos proventos de aposentadoria do servidor (se a aposentadoria estiver em fruição na data do óbito), para se chegar ao valor da pensão.

DEPENDENTE QUE PERDE A QUALIDADE DE PENSIONISTA

§ 1º do art. 23 da EC

As cotas por dependente cessarão com a perda dessa qualidade e não serão reversíveis aos demais dependentes, preservado o valor de 100% (cem por cento) de dependente remanescente for igual ou superior a 5 (cinco).

FALECER EM ATIVIDADE, SEM SER APOSENTADO

Inciso I, § 2º, art. 23 da EC

Se o servidor ou segurado vier a falecer em atividade, a pensão será calculada sobre o valor da aposentadoria por incapacidade permanente a que este servidor faria jus, caso este lhe houvesse sido concedida.

100% (cem por cento) do segurado ou do servidor até o limite máximo de benefício do Regime Geral da Previdência Social.

CÔNJUGE OU COMPANHEIRO DO RGPS - TEMPO MÁXIMO DE RECEBIMENTO DE PENSAO

O tempo máximo de recebimento da pensão, continua prevalecendo, conforme preceitua o *§ 4º do art. 23 da EC.*

O tempo de duração da pensão adotará os critérios atualmente empregados no RGPS, de tal sorte que mesmo tratando-se de cônjuge formalmente caracterizado, o tempo de fruição do benefício será limitado (ver regras do RGPS), sendo vitalícia apenas se na data do óbito do servidor o(a) beneficiário(a) da pensão contar com o mínimo de 44 anos de idade.

O tempo de duração da pensão por morte é o mesmo do regime geral, que está disciplinado no art. 77 da Lei nº 8.213/1991, com a redação dada pela Lei nº 13.135/2015, ver a seguir:

Para o cônjuge ou companheiro

Alínea C, Inciso V, art. 77 da Lei nº 8213/1991

Tabela 6 – Tempo de duração da pensão

Idade do(a) pensionista no momento do óbito do instituidor	Tempo máximo de recebimento da pensão
Menos de 21 anos	3 anos
Entre 21 e 26 anos de idade	6 anos
Entre 27 e 29 anos de idade	10 anos
Entre 30 e 40 anos de idade	15 anos
Entre 41 e 43 anos de idade	20 anos
44 anos de idade ou superior	Vitalícia

Fonte: Lei nº 13.135, de 2015

11.14. LIMITE MÍNIMO MENSAL DO SALÁRIO DE CONTRIBUIÇÃO – RGPS

CF = Constituição Federal

EC = Emenda Constitucional 103, de 13/11/2019

Art. 29. Até que entre em vigor lei que disponha sobre o § 14 do art. 195 da Constituição Federal, o segurado que, no somatório de remunerações auferidas no período de 1 (um) mês receber remuneração inferior ao limite mínimo mensal do salário de contribuição, poderá:

§ 14 do art. 195 da CF

§ 14. O segurado somente terá reconhecida como tempo de contribuição ao **Regime Geral de Previdência Social a competência** cuja contribuição seja igual ou superior à contribuição mínima mensal exigida para sua categoria, assegurado o agrupamento de contribuições.

- **Até o valor de incidência de 7,5% para o RGPS** - *Inciso I, do caput do art. 28 da EC*

I - complementar a sua contribuição, de forma a alcançar o limite mínimo exigido;

II - utilizar o valor da contribuição que exceder o limite mínimo de contribuição de uma competência em outra; ou

III - agrupar contribuições inferiores ao limite mínimo de diferentes competências, para aproveitamento em contribuições mínimas mensais.

Parágrafo único. Os ajustes de complementação ou agrupamento de contribuições previstos nos incisos I, II e III do caput somente poderão ser feitos ao longo do mesmo ano civil.

- **Do mesmo ano civil.**

11.15. APOSENTADORIA ESPECIAL

A aposentadoria especial é concedida a quem trabalha exposto a agentes químicos, físicos ou biológicos, em condições prejudiciais à saúde.

Até 13/11/2019, precedendo a EC - Como era:

O tempo mínimo de contribuição varia de 15, 20 ou 25 anos, dependendo da atividade profissional. O aposentado recebe 100% da média salarial, dos 80% maiores salários de contribuição desde julho de 1994.

Após 13/11/2019, como fica:

Além do tempo mínimo de contribuição, dependendo da atividade profissional, será preciso cumprir uma idade mínima:

- Atividade especial de 15 anos: 55 anos de idade
- Atividade especial de 20 anos: 58 anos de idade
- Atividade especial de 25 anos: 60 anos de idade

O aposentado receberá 60% da média salarial de todas as contribuições, mais 2% para cada ano de contribuição que exceder 20 anos de contribuição na atividade especial.

Atividade especial de 15 anos de contribuição

A exceção fica para os segurados com direito à aposentadoria de 15 anos contribuição. Nesse caso, o acréscimo de **2%** se dará a cada ano que exceder os **15 anos de contribuição** - ***Alínea "a" do Inciso I do § 1º do art. 19 desta EC.***

Regra de transição

Será adotado o sistema de pontos (soma da idade com o tempo de contribuição) por um período de transição.

- Atividade especial de 15 anos: pontuação inicial de 66 pontos, chegando a 81 pontos
- Atividade especial de 20 anos: pontuação inicial de 76 pontos, chegando a 91 pontos
- Atividade especial de 25 anos: pontuação inicial de 86 pontos, chegando a 96 pontos

Servidor público: *§ 4º-C do art. 40 da CF*

Quem entrar na regra de transição terá o valor da aposentadoria calculado pelas novas regras.

11.16. TRABALHADOR RURAL. ECONOMIA FAMILIAR. GARIMPEIRO E PESCADOR ARTESANAL

CF = Constituição Federal

EC = Emenda Constitucional 103, de 13/11/2019

Art. 201, § 7º, inciso 2º da CF

EXCEÇÃO – não houve alteração com a Emenda Constitucional

Trabalhador rural, produtor rural, em regime de economia familiar, garimpeiro e o pescador artesanal

- **60** anos de idade, se homem
- **55** anos de idade, se mulher

Quais são:

Segurados especiais são os trabalhadores em áreas rurais ou pescadores artesanais e a eles assemelhados, que exercem a sua atividade diária de forma individual ou com o auxílio da família.

Documentos:

Estes são alguns exemplos para o trabalhador rural comprovar sua atividade rural:

1. Contrato de arrendamento, parceria, meação ou comodato rural, cujo período da atividade será considerado somente a partir da data do registro ou do reconhecimento de firma do documento em cartório;

2. Comprovante de cadastro do Instituto Nacional de Colonização e Reforma Agrária – INCRA, através do Certificado de Cadastro de Imóvel Rural – CCIR ou qualquer outro documento emitido por esse órgão que indique ser o beneficiário proprietário de imóvel rural;

3. Bloco de notas do produtor rural;

4. Notas fiscais de entrada de mercadorias, emitidas pela empresa adquirente da produção, com indicação do nome do segurado como vendedor e o valor da contribuição previdenciária;

5. Documentos fiscais relativos à entrega de produção rural à cooperativa agrícola, entreposto de pescado ou outros, com indicação do segurado como vendedor ou consignante;

6. Comprovantes de recolhimento de contribuição à Previdência Social decorrentes da comercialização da produção;

7. Cópia da declaração de imposto de renda, com indicação de renda proveniente da comercialização de produção rural;

8. Comprovante de pagamento do Imposto sobre a Propriedade Territorial Rural - ITR, Documento de Informação e Atualização Cadastral do Imposto sobre a propriedade Territorial Rural - DIAC ou Documento de Informação e Apuração do Imposto sobre a propriedade Territorial Rural - DIAT entregue à Receita Federal;

9. Licença de ocupação ou permissão outorgada pelo INCRA ou qualquer outro documento emitido por esse órgão que indique ser o beneficiário assentado do programa de reforma agrária; ou

10. Certidão fornecida pela FUNAI, certificando a condição do índio como trabalhador rural.

- Declaração de Aptidão do PRONAF (DAP), a partir de partir de 7 de agosto de 2017.

Podem ser apresentados, dentre outros, os seguintes documentos, desde que neles conste a profissão ou qualquer outro dado que evidencie o exercício da atividade rurícola e seja contemporâneo ao fato nele declarado:

1. Certidão de casamento civil ou religioso (clique aqui para documento emitido no exterior);

2. Certidão de união estável;

3. Certidão de nascimento ou de batismo dos filhos;

4. Certidão de tutela ou de curatela;

5. Procuração;

6. Título de eleitor ou ficha de cadastro eleitoral;

7. Certificado de alistamento ou de quitação com o serviço militar;

8. Comprovante de matrícula ou ficha de inscrição em escola, ata ou boletim escolar do trabalhador ou dos filhos;

9. Ficha de associado em cooperativa;

10. Comprovante de participação como beneficiário, em programas governamentais para a área rural nos estados, no Distrito Federal ou nos Municípios;

11. Comprovante de recebimento de assistência ou de acompanhamento de empresa de assistência técnica e extensão rural;

12. Escritura pública de imóvel;

13. Recibo de pagamento de contribuição federativa ou confederativa;

14. Registro em processos administrativos ou judiciais, inclusive inquéritos, como testemunha, autor ou réu;

15. Ficha ou registro em livros de casas de saúde, hospitais, postos de saúde ou do programa dos agentes comunitários de saúde;

16. Carteira de vacinação;

17. Título de propriedade de imóvel rural;

18. Recibo de compra de implementos ou de insumos agrícolas;

19. Comprovante de empréstimo bancário para fins de atividade rural;

20. Ficha de inscrição ou registro sindical ou associativo junto ao sindicato de trabalhadores rurais, colônia ou associação de pescadores, produtores rurais ou outras entidades congêneres;

21. Contribuição social ao sindicato de trabalhadores rurais, à colônia ou à associação de pescadores, produtores rurais ou a outras entidades congêneres;

22. Publicação na imprensa ou em informativos de circulação pública;

23. Registro em livros de entidades religiosas, quando da participação em batismo, crisma, casamento ou em outros sacramentos;

24. Registro em documentos de associações de produtores rurais, comunitárias, recreativas, desportivas ou religiosas;

25. Título de aforamento;

26. Declaração de aptidão fornecida pelo Sindicato dos Trabalhadores Rurais para fins de obtenção de financiamento junto ao PRONAF; e

27. Ficha de atendimento médico ou odontológico.

Formulários:

Para complementar, o cidadão pode preencher formulário objetivo e apresentar os documentos listados acima, estando preparado para o atendimento na data e hora agendado:

1. Autodeclaração do Segurado Especial – Pescador

2. Autodeclaração do Segurado Especial – Rural

3. Autodeclaração do Segurado Especial – Seringueiro e Extrativista Vegetal

A apresentação desses formulários completamente preenchidos é obrigatória para todos os integrantes do grupo familiar, em qualquer hipótese de comprovação da atividade de segurado especial, independentemente do documento de comprovação apresentado pelo segurado.

Deve ser apresentado um formulário para cada período de atividade a ser comprovado e este deve ser preenchido preferencialmente, pelo próprio segurado, podendo utilizar-se de auxílio de terceiros.

Os formulários devem ser assinados pelo segurado; procurador legalmente constituído; representante legal; dependente, no caso de requerimento de pensão por morte ou auxílio-reclusão; ou familiar, no caso de benefícios por incapacidade, havendo impossibilidade de comunicação do titular, comprovada mediante atestado médico.

11.17. ABONO DE PERMANÊNCIA

> APENAS PARA O SERVIDOR PÚBLICO

É direito do Servidor Público que pode se aposentar e não o faz, trocando sua aposentadoria pelo abono de permanência, até sua aposentadoria espontânea ou compulsória, o valor do abono de permanência é o valor de sua contribuição para o RPPS.

Observados critérios a serem estabelecidos em lei do respectivo ente federativo, o servidor titular de cargo efetivo que tenha completado as exigências para a aposentadoria voluntária e que opte por permanecer em atividade poderá fazer jus a um abono de permanência equivalente, no máximo, ao valor da sua contribuição previdenciária, até completar a idade para aposentadoria compulsória.

§ 19 do art. 40 da CF

ABONO PECUNIÁRIO – ATÉ A IDADE DA APOSENTADORIA COMPULSÓRIA

Até que entre em vigor lei federal o servidor público que tiver atendido as exigências para a aposentadoria voluntária poderá optar pelo abono de permanência equivalente, no máximo, ao valor da contribuição previdenciária até a idade da aposentadoria compulsória.

Art. 8º desta EC

Idade para aposentadoria compulsória do Servidor Público

Inciso II do § 1º do art. 40 da CF.

11.18. SIGLAS UTILIZADAS NAS AÇÕES PREVIDENCIÁRIAS

CNIS = Cadastro Nacional de Informações Sociais. Banco de dados mantido pela Previdência Social e de acesso restrito no qual, entre outros elementos, são informados os vínculos empregatícios do segurado e os respectivos salários-de-contribuição.

CPF = Cadastro de Pessoal Física.

CPMF = Contribuição Provisória sobre Movimentação Financeira foi uma cobrança que incidiu sobre a maior parte das transações bancárias e que vigorou no Brasil por 11 anos.

D = Valor desconsiderado (referente aos 20% das menores contribuições).

DAT = Data do Afastamento do Trabalho. Para efeitos de cálculo é a data a partir da qual o segurado não possui mais contribuições previdenciárias.

DCB = Data da Cessação do Benefício. É a data a partir da qual não houve mais pagamentos do benefício previdenciário. Pode ocorrer em virtude de alta médica (nos casos de Auxílios-Doença e Aposentadorias por Invalidez), maioridade do titular (no caso de Pensões por Morte recebidas por menores), liberdade concedida a segurado que estava recolhido a estabelecimento prisional (no caso de Auxílios-Reclusão), óbito do titular (em todos os tipos de benefícios), concessão de outra espécie de benefício ou por constatação de irregularidade na concessão do benefício.

DER = Data da Entrada do Requerimento. É a data em que o segurado protocolou junto ao INSS o pedido de concessão de um determinado benefício. Caso este seja deferido, será também a data a partir da qual os pagamentos serão feitos (exceto nos casos de pensões por morte concedidas a menores, incapazes ou requeridas quando decorridos no máximo 30 dias do óbito do instituidor, situações em que os pagamentos irão retroagir à data do falecimento do segurado-instituidor).

DIB = Data do Início do Benefício. Como o nome diz, é a data em que se inicia um determinado benefício. Normalmente, coincide com a DER.

DIP = Data do Início dos Pagamentos. É a data a partir da qual os valores mensais efetivamente começam a ser pagos ao segurado na via administrativa.

HISCRE = Histórico de créditos. Documento disponibilizado pelo INSS em que são relacionados os últimos pagamentos feitos ao segurado.

INFBEN = Informações do benefício. Documento disponibilizado pelo INSS em que são trazidos alguns dados importantes do benefício, como seu número, nome do titular, data de nascimento, DIB, DER, DIP, DCB (se for o caso) e a renda atual.

INSS = Instituto Nacional do Seguro Social.

NB = Número do benefício.

MR = Mensalidade reajustada. É o valor atual do benefício, sem quaisquer descontos (imposto de renda, consignações, empréstimos bancários, débitos de pensões alimentícias, etc.) ou acréscimos (devolução de CPMF, salário-família, etc.).

PBC = Período básico de cálculo. É o intervalo no qual serão buscados os salários-de-contribuição do segurado para efetuar-se o cálculo de seu benefício. Pode ser os 36 salários-de-contribuição imediatamente anteriores à DIB (apurados em até 48 meses) ou todos os salários-de-contribuição desde 07/94 até o mês anterior à DIB, dependendo da legislação aplicável a cada caso.

PLENUS/SISBEN = Sistema de benefícios, mantido pela DATAPREV (Empresa de Tecnologia e Informações da Previdência Social) e de acesso restrito, no qual podem ser consultados diversos documentos relativos aos benefícios, como INFBEN e HISCRE, bem como obter informações sobre eventuais revisões ocorridas e simular a concessão de determinados benefícios.

PNS = Piso Nacional de Salários, instituído pelo art. 1º do Decreto-lei nº 2.351, de 7 de agosto de 1987 e extinto pelo art. 5º da Lei nº 7.789, de 3 de julho de 1989 (vide Súmula 15 do TRF da 4ª Região).

R.M.A. = Renda Mensal Atualizada.

R.M.C. = Renda Mensal Corrigida.

RMI = Renda mensal inicial. É o valor inicial do benefício na DIB, após aplicados o fator previdenciário e/ou o coeficiente relativo ao tipo de benefício, se for o caso e conforme legislação aplicável. Para determinados tipos de benefícios e situações pode coincidir com o valor do salário-de-benefício, mas não é a regra geral.

RPV = Requisição de Pequeno Valor é uma espécie de requisição de pagamento de determinada quantia a que a Fazenda Pública foi condenada em processo judicial, para valores totais até 60 salários-mínimos por beneficiário. O prazo para depósito das RPVs, junto aos Tribunais, é de 60 dias.

SALÁRIO-DE-BENEFÍCIO = É a média dos salários-de-contribuição corrigidos, limitada ao teto. Ele nem sempre coincide com o valor da RMI. Dependendo da legislação aplicada, o salário de benefício corresponde à média multiplicada pelo fator previdenciário.

SALÁRIO-DE-CONTRIBUIÇÃO = É o valor-base do rendimento mensal do trabalhador em atividade sobre o qual incide o desconto da contribuição previdenciária.

SMR = Salário-mínimo de referência, instituído pelo art.2º do Decreto-lei nº 2.351, de 7 de agosto de 1987 e extinto pelo art. 5º da Lei nº 7.789 de 3 de julho de 1989 (vide Súmula 15 do TRF da 4ª Região).

12

CÁLCULOS DE APOSENTADORIAS CONFORME REFORMA CONSTITUCIONAL EM VIGOR – EXEMPLOS PRÁTICOS

DOIS EXEMPLOS PRÁTICOS COM VÁRIAS ESPÉCIES DE BENEFÍCIOS

Segue dois cálculos de aposentadoria por tempo de contribuição, além dos cálculos fazendo uma análise por Espécie de Benefício.

A seguir, por intermédio do autor Aristeu de Oliveira, obteve autorização da Empresa: F.R. BARBOZA SOCIEDADE INDIVIDUAL DE ADVOCACIA, CNPJ: 33706043/0001-46, E-mail: fabio.r.barboza@hotmail.com , CEL: (11) 98245-9281, com um especialista de referência no mercado, altamente qualificado, tendo a anuência de seu representante FABIO ROGÉRIO BARBOZA SANTOS, a título não oneroso a veiculação dos cálculos, a veiculação de imagem, nome e voz, de sua apresentação, deixado disponível nos livros de "autoria ou coautoria de Aristeu de Oliveira", que ambos fizeram um trabalho em conjunto, adequando à Emenda Constitucional no 103/2019, atualmente em vigor, para o cálculo das diversas aposentadorias.

CNPJ: 337060430001-46

CEL: (11) 98245-9281

E-mail: fabio.r.barboza@hotmail.com

12.1. PRIMEIRO CÁLCULO – MARIA DAS COUVES – SIMULAÇÃO DE VÁRIOS TIPOS DE APOSENTADORIA

Aposentadoria por tempo de contribuição pela pontuação e por tempo de contribuição ou programada. Quando houve um acompanhamento por um profissional do direito (advogado), calcula-se um percentual de honorários, sobre a base de cálculo atualizada + juros.

A seguir:

> Resumo do Cálculo

Nome do Segurado: MARIA DAS COUVES		Nº de Identificação do Trabalhador (NIT): 123.32598.93-	
CPF: 222.333.444-55	Data de Nascimento: 22/02/1964	Sexo: Feminino	Nº do Benefício:
Espécie do Benefício: 42 - Aposentadoria Por Tempo de Contribuição ou Programada		Início do Benefício (DIB): 05/10/2019	Data da Atualização: 31/03/2022

Renda Mensal Corrigida Até 31/03/2022: R$ 5.481,88

> Resumo do Cálculo

Nome do Segurado:			Nº de Identificação do Trabalhador (NIT):
MARIA DAS COUVES			123.32598.93-
CPF:	Data de Nascimento:	Sexo:	Nº do Benefício:
222.333.444-55	22/02/1964	Feminino	

Espécie do Benefício: 42 - Aposentadoria Por Tempo de Contribuição ou Programada

Início do Benefício (DIB): 05/10/2019

Data da Atualização: 31/03/2022

> Renda Mensal Corrigida Até 31/03/2022: R$ 5.481,88

Principal:

156.932,10

Correção Monetária:

18.469,96

Total Atualizado:

175.402,06

Valor dos Juros:

0,00

Total Atualizado + Valor dos Juros:

175.402,06

Honorários Sobre a Base de Cálculo Atualizada:

35.080,41

Honorários Sobre os Juros da Base de Cálculo:

0,00

Valor Fixo de Honorários:

0,00

Total Atualizado de Honorários:

35.080,41

Multa:

0,00

Total Geral:

210.482,47

Total geral atualizado até 31/03/2022

31/03/2022 1/18

> Análise Por Espécie de Benefício

Nome do Segurado: MARIA DAS COUVES		Nº de Identificação do Trabalhador (NIT): 123.32598.93-	
CPF: 222.333.444-55	Data de Nascimento: 22/02/1964	Sexo: Feminino	Nº do Benefício:
		Início do Benefício (DIB): 05/10/2019	Data da Atualização: 31/03/2022

> 42 - Aposentadoria Por Tempo de Contribuição ou Programada

Tempo de Contribuição	Carência	Idade	RMI
30 anos, 7 meses e 25 dias	315 contribuições	55 anos	Atingiu os Requisitos
			R$ 4.635,21
Necessário: 30 anos	Necessário: 180 contribuições	Não exige idade mínima	Maior RMI
O tempo mínimo de 30 anos foi atingido em 05/10/2019			

> 42 - Aposentadoria Por Pontos (Regra 85/95 Progressiva)

Tempo de Contribuição 30 anos, 7 meses e 25 dias	Carência 315 contribuições	Pontos 86 pontos	RMI Atingiu os Requisitos
			R$ 4.635,21
Necessário: 30 anos	Necessário: 180 contribuições	Necessário: 86 pontos	Maior RMI

> 46 - Aposentadoria Especial (Considerando-se somente o tempo especial e 25 anos de contribuição)

Tempo de Contribuição	Carência	Idade	RMI
23 anos e 13 dias	276 contribuições	55 anos	Não disponível
			R$ 0,00
	Necessário: 180 contribuições		Maior RMI
Análise futura não disponível, pois os requisitos mínimos seriam atingidos após a EC 103 de 13/11/2019			

› 41 - Aposentadoria Por Idade ou Programada			
Tempo de Contribuição 30 anos, 7 meses e 25 dias	Carência 315 contribuições	Idade 55 anos	RMI Não Disponível
			R$ 0,00
	Necessário: 180 contribuições		

Análise futura não disponível, pois os requisitos mínimos seriam atingidos após a EC 103 de 13/11/2019

31/03/2022 2/18

› Análise Por Espécie de Benefício			
Nome do Segurado: MARIA DAS COUVES		Nº de Identificação do Trabalhador (NIT): 123.32598.93-	
CPF: 222.333.444-55	Data de Nascimento: 22/02/1964	Sexo: Feminino	Nº do Benefício:
		Início do Benefício (DIB): 05/10/2019	Data da Atualização: 31/03/2022

› 31 – Auxílio-Doença Previdenciário ou Incapacidade Temporária			
Tempo de Contribuição	Carência	Idade	RMI
30 anos, 7 meses e 25 dias	315 contribuições	55 anos	Atingiu os Requisitos
			R$ 4.218,04
Sem Tempo Mínimo Necessário	Necessário: 12 contribuições	Não exige idade mínima	

› 32 - Invalidez ou Incapacidade Permanente Previdenciária			
Tempo de Contribuição 30 anos, 7 meses e 25 dias	Carência 315 contribuições	Idade 55 anos	RMI Atingiu os Requisitos
			R$ 4.635,21

Sem Tempo Mínimo Necessário	Necessário: 12 contribuições	Não exige idade mínima	Maior RMI
*Se estiver recebendo auxílio-doença não há carência			

> 36 – Auxílio Acidente Previdenciário			
Tempo de Contribuição	Carência	Idade	RMI
30 anos, 7 meses e 25 dias	315 contribuições	55 anos	Atingiu os Requisitos
			R$ 2.317,60
Sem tempo mínimo necessário	Sem carência mínima necessária	Não exige idade mínima	

> 21 - Pensão Por Morte Previdenciária			
Tempo de Contribuição 30 anos, 7 meses e 25 dias	Carência 315 contribuições	Idade 55 anos	RMI Atingiu os Requisitos
			R$ 4.635,21
Sem tempo mínimo necessário	Sem Carência mínima necessária	Não exige idade mínima	Maior RMI

* As projeções futuras são feitas com a repetição do último salário de contribuição, gerando RMI's com valores aproximados

31/03/2022 3/18

> Relatório do Tempo de Contribuição			
Nome do Segurado: MARIA DAS COUVES		Nº de Identificação do Trabalhador (NIT): 123.32598.93-	
CPF: 222.333.444-55	Data de Nascimento: 22/02/1964	Sexo: Feminino	Nº do Benefício:
42 - Aposentadoria Por Tempo de Contribuição ou Programada		Início do Benefício (DIB): 05/10/2019	Data da Atualização: 31/03/2022

Períodos Informados				
II Início	FF Fim	Tipo	Empresa	Cargo

* 01/07/1987 31/12/1987 Normal SANCAP COMERCIO IMPORTACAO E EXPORTACAO LTDA
* 14/07/1988 16/01/1991 Normal PROMOVEL EMPREENDIMENTOS E SERVICOS
* 23/09/1996 05/10/2019 Especial COMPANHIA PAULISTA DE TRENS METROPOLITANOS – MAQUINISTA - CPTM

Legenda: * (contribuições consideradas na carência)

› Períodos Considerados no Cálculo

Início	Fim	Tipo	Empresa	Tempo de Contribuição Anos | Meses | Dias			Fator	Total (TC X Fator) Anos| Meses| Dias		
01/07/1987	31/12/1987	Normal	SANCAP COMERCIO IMP. E EXPORTACAO LTDA	0	6	0	1,00	0	6	0
14/07/1988	16/01/1991	Normal	PROMOVEL EMPREENDIMENTOS E SERVIÇOS	2	6	3	1,00	2	6	3
23/09/1996	05/10/2019	Especial	COMPANHIA PAULISTA DE TRENS METROPOLITANOS - CPTM	23	0	13	1,20	27	7	22
			Totais:	26	0	16		30	7	25

31/03/2022 4/18

› Relatório do Tempo de Contribuição			
Nome do Segurado: MARIA DAS COUVES		Nº de Identificação do Trabalhador (NIT): 123.32598.93-	
CPF: 222.333.444-55	Data de Nascimento: 22/02/1964	Sexo: Feminino	Nº do Benefício:
42 - Aposentadoria Por Tempo de Contribuição ou Programada		Início do Benefício (DIB): 05/10/2019	Data da Atualização: 31/03/2022
Análise dos Dados			

Tempo de Contribuição Especial	Pedágio
Tempo de Contribuição em 16/12/1998 (EC 20/98) 5 anos, 8 meses e 7 dias Tempo de Contribuição em 29/11/1999 (Lei 8.876/99): 6 anos, 9 meses e 28 dias Tempo de Contribuição na D.I.B.: 30 anos, 7 meses e 25 dias Necessário: 30 anos	Pedágio para Aposentadoria Proporcional: 7 anos, 8 meses e 21 dias Tempo de Aposentadoria Proporcional com Pedágio 32 anos, 8 meses e 21 dias Tempo Restante na DIB p/ Aposentadoria Proporcional: 2 anos e 26 dias Tempo Restante na DIB Para Aposentadoria Integral: Tempo já atingido para aposentadoria integral

Carência	Idade
Número de Contribuições em 12/1998 (EC 20/98): 65 contribuições Número de Contribuições em 11/1999 (Lei 9.876/99 76 contribuições Número de Contribuições na D.I.B.: 315 contribuições Necessário: 180 contribuições	Idade em 16/12/1998 (EC 20/98): 34 anos, 9 meses e 24 dias Idade em 29/11/1999 (Lei 9.876/99) 35 anos, 9 meses e 7 dias Idade na DIB: 55 anos, 7 meses e 13 dias Não exige idade mínima Possível aposentadoria por idade 22/02/2024 (60 anos)
Regra 85/95 Progressiva Pontos no D.I.B.: 86 pontos Necessário: 86 pontos O tempo mínimo de 30 anos já foi atingido	

Fábio Rogério Barboza Santos e Aristeu de Oliveira

31/03/2022 5/18

› Cálculo da R.M.I. pela Lei 9.876/1999

Nome do Segurado: MARIA DAS COUVES		Nº de Identificação do Trabalhador (NIT): 123.32598.93-	
CPF: 222.333.444-55	Data de Nascimento: 22/02/1964	Sexo: Feminino	Nº do Benefício:
Espécie do Benefício: 42 - Aposentadoria Por Tempo de Contribuição ou Programada			Nº do Processo:
Índice Utilizado Para a Atualização dos Salários de Contribuição: Reajuste dos Salários de Contribuição		Inscrição no INSS: 01/07/1987	Início do Benefício (DIB): 05/10/2019

Nº	Data	Salários de Contribuição	Teto de Contribuição	Salários Considerado	**Índice de** Atualização	Salário Corrigido
001	10/1996	R$ 500,12	957,56	500,12	5,133094	R$ 2.567,16 D
002	11/1996	R$ 712,62	957,56	712,62	5,121826	R$ 3.649,92
003	12/1996	R$ 580,75	957,56	580,75	5,107525	R$ 2.966,20 D
004	01/1997	R$ 600,86	957,56	600,86	5,062971	R$ 3.042,14
005	02/1997	R$ 580,75	957,56	580,75	4,984220	R$ 2.894,59 D
006	03/1997	R$ 1.048,37	957,56	957,56	4,963374	R$ 4.752,73
007	04/1997	R$ 724,12	957,56	724,12	4,906459	R$ 3.552,87
008	05/1997	R$ 773,61	957,56	773,61	4,877681	R$ 3.773,42
009	06/1997	R$ 724,11	1.031,87	724,11	4,863092	R$ 3.521,41
010	07/1997	R$ 697,62	1.031,87	697,62	4,829286	R$ 3.369,01
011	08/1997	R$ 724,11	1.031,87	724,11	4,824944	R$ 3.493,79
012	09/1997	R$ 627,87	1.031,87	627,87	4,824944	R$ 3.029,44
013	10/1997	R$ 767,37	1.031,87	767,37	4,796644	R$ 3.680,80
014	11/1997	R$ 1.046,49	1.031,87	1.031,87	4,780391	R$ 4.932,74
015	12/1997	R$ 1.518,24	1.031,87	1.031,87	4,741040	R$ 4.892,14
016	01/1998	R$ 1.341,12	1.031,87	1.031,87	4,708551	R$ 4.858,61
017	02/1998	R$ 743,00	1.031,87	743,00	4,667477	R$ 3.467,94
018	03/1998	R$ 743,00	1.031,87	743,00	4,666544	R$ 3.467,24
019	04/1998	R$ 743,00	1.031,87	743,00	4,655835	R$ 3.459,29
020	05/1998	R$ 788,86	1.031,87	788,86	4,655835	R$ 3.672,80
021	06/1998	R$ 868,61	1.081,50	868,61	4,645151	R$ 4.034,83
022	07/1998	R$ 812,86	1.081,50	812,86	4,632181	R$ 3.765,32
023	08/1998	R$ 847,36	1.081,50	847,36	4,632181	R$ 3.925,13

024	09/1998	R$ 766,36	1.081,50	766,36	4,632181	R$ 3.549,92
025	10/1998	R$ 835,25	1.081,50	835,25	4,632181	R$ 3.869,03
026	11/1998	R$ 875,50	1.081,50	875,50	4,632181	R$ 4.055,48
027	12/1998	R$ 875,50	1.200,00	875,50	4,632181	R$ 4.055,48
028	01/1999	R$ 857,68	1.200,00	857,68	4,587227	R$ 3.934,37
029	02/1999	R$ 879,34	1.200,00	879,34	4,535073	R$ 3.987,87
030	03/1999	R$ 806,00	1.200,00	806,00	4,342276	R$ 3.499,87
031	04/1999	R$ 1.328,59	1.200,00	1.200,00	4,257968	R$ 5.109,56
032	05/1999	R$ 827,36	1.200,00	827,36	4,256691	R$ 3.521,82
033	06/1999	R$ 797,06	1.255,32	797,06	4,256691	R$ 3.392,84
034	07/1999	R$ 797,06	1.255,32	797,06	4,213711	R$ 3.358,58
035	08/1999	R$ 1.148,67	1.255,32	1.148,67	4,147762	R$ 4.764,41
036	09/1999	R$ 1.102,02	1.255,32	1.102,02	4,088479	R$ 4.505,59
037	10/1999	R$ 1.134,86	1.255,32	1.134,86	4,029249	R$ 4.572,63

31/03/2022 6/18

> Cálculo da R.M.I. pela Lei 9.876/1999

Nome do Segurado: MARIA DAS COUVES		Nº de Identificação do Trabalhador (NIT): 123.32598.93-	
CPF: 222.333.444-55	Data de Nascimento: 22/02/1964	Sexo: Feminino	Nº do Benefício:
Espécie do Benefício: 42 - Aposentadoria Por Tempo de Contribuição ou Programada			Nº do Processo:
Índice Utilizado Para a Atualização dos Salários de Contribuição: Reajuste dos Salários de Contribuição		Inscrição no INSS: 01/07/1987	Início do Benefício (DIB): 05/10/2019

Nº	Data	Salários de Contribuição	Teto de Contribuição	Salários Considerado	**Índice de** Atualização	Salário Corrigido
038	11/1999	R$ 1.124,75	1.255,32	1.124,75	3,954509	R$ 4.447,83
039	12/1999	R$ 1.263,74	1.255,32	1.255,32	3,856929	R$ 4.841,68
040	01/2000	R$ 1.140,72	1.255,32	1.140,72	3,810065	R$ 4.346,22
041	02/2000	R$ 1.565,82	1.255,32	1.255,32	3,771595	R$ 4.734,56
042	03/2000	R$ 1.055,67	1.255,32	1.055,67	3,764442	R$ 3.974,01
043	04/2000	R$ 740,85	1.255,32	740,85	3,757678	R$ 2.783,88 D
044	05/2000	R$ 745,98	1.255,32	745,98	3,752800	R$ 2.799,51 D
045	06/2000	R$ 797,06	1.328,25	797,06	3,727823	R$ 2.971,30
046	07/2000	R$ 796,99	1.328,25	796,99	3,693474	R$ 2.943,66 D
047	08/2000	R$ 766,42	1.328,25	766,42	3,611846	R$ 2.768,19 D
048	09/2000	R$ 766,42	1.328,25	766,42	3,547286	R$ 2.718,71 D
049	10/2000	R$ 797,06	1.328,25	797,06	3,522977	R$ 2.808,02 D
050	11/2000	R$ 889,17	1.328,25	889,17	3,509990	R$ 3.120,98
051	12/2000	R$ 1.475,79	1.328,25	1.328,25	3,496354	R$ 4.644,03
052	01/2001	R$ 789,78	1.328,25	789,78	3,469982	R$ 2.740,52 D
053	02/2001	R$ 797,06	1.328,25	797,06	3,453062	R$ 2.752,30 D
054	03/2001	R$ 804,37	1.328,25	804,37	3,441362	R$ 2.768,13 D
055	04/2001	R$ 810,36	1.328,25	810,36	3,414049	R$ 2.766,61 D
056	05/2001	R$ 831,99	1.328,25	831,99	3,375902	R$ 2.808,72 D
057	06/2001	R$ 792,43	1.430,00	792,43	3,361113	R$ 2.663,45 D
058	07/2001	R$ 790,32	1.430,00	790,32	3,312747	R$ 2.618,13 D
059	08/2001	R$ 1.125,76	1.430,00	1.125,76	3,259936	R$ 3.669,91
060	09/2001	R$ 1.654,62	1.430,00	1.430,00	3,230858	R$ 4.620,13
061	10/2001	R$ 1.338,35	1.430,00	1.338,35	3,218627	R$ 4.307,65
062	11/2001	R$ 929,94	1.430,00	929,94	3,172624	R$ 2.950,35 D
063	12/2001	R$ 1.000,66	1.430,00	1.000,66	3,148694	R$ 3.150,77
064	01/2002	R$ 929,94	1.430,00	929,94	3,143037	R$ 2.922,84 D
065	02/2002	R$ 972,68	1.430,00	972,68	3,137076	R$ 3.051,37
066	03/2002	R$ 929,94	1.430,00	929,94	3,131440	R$ 2.912,05 D
067	04/2002	R$ 929,94	1.430,00	929,94	3,127999	R$ 2.908,85 D
068	05/2002	R$ 965,30	1.430,00	965,30	3,106255	R$ 2.998,47
069	06/2002	R$ 1.000,66	1.561,56	1.000,66	3,072154	R$ 3.074,18
070	07/2002	R$ 929,94	1.561,56	929,94	3,019613	R$ 2.808,06 D
071	08/2002	R$ 965,30	1.561,56	965,30	2,958954	R$ 2.856,28 D
072	09/2002	R$ 929,94	1.561,56	929,94	2,890733	R$ 2.688,21 D
073	10/2002	R$ 2.053,07	1.561,56	1.561,56	2,816380	R$ 4.397,95
074	11/2002	R$ 1.165,06	1.561,56	1.165,06	2,702601	R$ 3.148,69

31/03/2022 7/18

<table>
<tr><td colspan="4">› Cálculo da R.M.I. pela Lei 9.876/1999</td></tr>
<tr><td colspan="2">Nome do Segurado:
MARIA DAS COUVES</td><td colspan="2">Nº de Identificação do Trabalhador (NIT):
123.32598.93-</td></tr>
<tr><td>CPF:
222.333.444-55</td><td>Data de Nascimento:
22/02/1964</td><td>Sexo:
Feminino</td><td>Nº do Benefício:</td></tr>
<tr><td colspan="3">Espécie do Benefício:
42 - Aposentadoria Por Tempo de Contribuição ou Programada</td><td>Nº do Processo:</td></tr>
<tr><td colspan="2">Índice Utilizado Para a Atualização dos Salários de Contribuição:
Reajuste dos Salários de Contribuição</td><td>Inscrição no INSS:
01/07/1987</td><td>Início do Benefício (DIB):
05/10/2019</td></tr>
</table>

Nº	Data	Salários de Contribuição	Teto de Contribuição	Salários Considerado	**Índice de** Atualização	Salário Corrigido
075	12/2002	R$ 1.125,02	1.561,56	1.125,02	2,553478	R$ 2.872,71 D
076	01/2003	R$ 1.228,50	1.561,56	1.228,50	2,486346	R$ 3.054,48
077	02/2003	R$ 1.309,34	1.561,56	1.309,34	2,433539	R$ 3.186,33
078	03/2003	R$ 1.245,00	1.561,56	1.245,00	2,395451	R$ 2.982,34
079	04/2003	R$ 1.204,34	1.561,56	1.204,34	2,356336	R$ 2.837,83 D
080	05/2003	R$ 1.395,49	1.561,56	1.395,49	2,346714	R$ 3.274,82
081	06/2003	R$ 1.276,82	1.869,34	1.276,82	2,362543	R$ 3.016,54
082	07/2003	R$ 1.109,82	1.869,34	1.109,82	2,379198	R$ 2.640,48 D
083	08/2003	R$ 1.186,81	1.869,34	1.186,81	2,383966	R$ 2.829,31 D
084	09/2003	R$ 1.208,41	1.869,34	1.208,41	2,369276	R$ 2.863,06 D
085	10/2003	R$ 1.780,10	1.869,34	1.780,10	2,344657	R$ 4.173,73
086	11/2003	R$ 1.325,10	1.869,34	1.325,10	2,334386	R$ 3.093,30
087	12/2003	R$ 1.420,66	1.869,34	1.420,66	2,323234	R$ 3.300,53
088	01/2004	R$ 1.630,98	2.400,00	1.630,98	2,309378	R$ 3.766,55
089	02/2004	R$ 1.676,92	2.400,00	1.676,92	2,291050	R$ 3.841,91
090	03/2004	R$ 1.634,29	2.400,00	1.634,29	2,282149	R$ 3.729,69
091	04/2004	R$ 1.636,23	2.400,00	1.636,23	2,269215	R$ 3.712,96
092	05/2004	R$ 1.682,32	2.508,72	1.682,32	2,259949	R$ 3.801,96
093	06/2004	R$ 1.389,78	2.508,72	1.389,78	2,250945	R$ 3.128,32
094	07/2004	R$ 1.389,78	2.508,72	1.389,78	2,239746	R$ 3.112,76
095	08/2004	R$ 1.224,33	2.508,72	1.224,33	2,223515	R$ 2.722,32 D
096	09/2004	R$ 1.180,26	2.508,72	1.180,26	2,212453	R$ 2.611,27 D
097	10/2004	R$ 1.406,67	2.508,72	1.406,67	2,208698	R$ 3.106,91

098	11/2004	R$ 3.398,57	2.508,72	2.508,72	2,204949	R$ 5.531,60
099	12/2004	R$ 1.339,25	2.508,72	1.339,25	2,195290	R$ 2.940,04 D
100	01/2005	R$ 1.270,74	2.508,72	1.270,74	2,176572	R$ 2.765,86 D
101	02/2005	R$ 1.364,87	2.508,72	1.364,87	2,164235	R$ 2.953,90 D
102	03/2005	R$ 1.270,74	2.508,72	1.270,74	2,154754	R$ 2.738,13 D
103	04/2005	R$ 1.270,74	2.508,72	1.270,74	2,139139	R$ 2.718,29 D
104	05/2005	R$ 1.317,80	2.668,15	1.317,80	2,119848	R$ 2.793,54 D
105	06/2005	R$ 1.364,87	2.668,15	1.364,87	2,105112	R$ 2.873,21 D
106	07/2005	R$ 1.270,74	2.668,15	1.270,74	2,107430	R$ 2.678,00 D
107	08/2005	R$ 1.317,80	2.668,15	1.317,80	2,106798	R$ 2.776,34 D
108	09/2005	R$ 1.767,20	2.668,15	1.767,20	2,106798	R$ 3.723,14
109	10/2005	R$ 2.382,74	2.668,15	2.382,74	2,103643	R$ 5.012,44
110	11/2005	R$ 2.283,71	2.668,15	2.283,71	2,091512	R$ 4.776,41
111	12/2005	R$ 1.935,63	2.668,15	1.935,63	2,080279	R$ 4.026,65

31/03/2022 8/18

> Cálculo da R.M.I. pela Lei 9.876/1999

Nome do Segurado: MARIA DAS COUVES		Nº de Identificação do Trabalhador (NIT): 123.32598.93-	
CPF: 222.333.444-55	Data de Nascimento: 22/02/1964	Sexo: Feminino	Nº do Benefício:
Espécie do Benefício: 42 - Aposentadoria Por Tempo de Contribuição ou Programada			Nº do Processo:
Índice Utilizado Para a Atualização dos Salários de Contribuição: Reajuste dos Salários de Contribuição		Inscrição no INSS: 01/07/1987	Início do Benefício (DIB): 05/10/2019

Nº	Data	Salários de Contribuição	Teto de Contribuição	Salários Considerado	**Índice de** Atualização	Salário Corrigido
112	01/2006	R$ 3.602,42	2.668,15	2.668,15	2,071991	R$ 5.528,38
113	02/2006	R$ 1.345,99	2.668,15	1.345,99	2,064147	R$ 2.778,32 D
114	03/2006	R$ 1.662,94	2.668,15	1.662,94	2,059410	R$ 3.424,68
115	04/2006	R$ 1.345,99	2.801,56	1.345,99	2,053865	R$ 2.764,48 D
116	05/2006	R$ 1.444,78	2.801,56	1.444,78	2,051403	R$ 2.963,83 D
117	06/2006	R$ 1.394,80	2.801,56	1.394,80	2,048740	R$ 2.857,58 D
118	07/2006	R$ 1.440,25	2.801,56	1.440,25	2,050175	R$ 2.952,77 D
119	08/2006	R$ 1.395,38	2.801,82	1.395,38	2,047922	R$ 2.857,63 D
120	09/2006	R$ 1.345,99	2.801,82	1.345,99	2,048332	R$ 2.757,03 D
121	10/2006	R$ 1.411,02	2.801,82	1.411,02	2,045060	R$ 2.885,62 D
122	11/2006	R$ 5.036,19	2.801,82	2.801,82	2,036304	R$ 5.705,36
123	12/2006	R$ 1.680,21	2.801,82	1.680,21	2,027787	R$ 3.407,11
124	01/2007	R$ 1.660,05	2.801,82	1.660,05	2,015292	R$ 3.345,49
125	02/2007	R$ 1.658,93	2.801,82	1.658,93	2,005465	R$ 3.326,93
126	03/2007	R$ 1.606,69	2.801,82	1.606,69	1,997078	R$ 3.208,69
127	04/2007	R$ 1.440,32	2.894,28	1.440,32	1,988329	R$ 2.863,83 D
128	05/2007	R$ 2.063,33	2.894,28	2.063,33	1,983173	R$ 4.091,94
129	06/2007	R$ 2.010,25	2.894,28	2.010,25	1,978030	R$ 3.976,34
130	07/2007	R$ 2.245,36	2.894,28	2.245,36	1,971917	R$ 4.427,66
131	08/2007	R$ 2.673,02	2.894,28	2.673,02	1,965627	R$ 5.254,16
132	09/2007	R$ 1.521,90	2.894,28	1.521,90	1,954098	R$ 2.973,94
133	10/2007	R$ 1.768,33	2.894,28	1.768,33	1,949225	R$ 3.446,87
134	11/2007	R$ 1.664,80	2.894,28	1.664,80	1,943395	R$ 3.235,36
135	12/2007	R$ 1.568,60	2.894,28	1.568,60	1,935074	R$ 3.035,36
136	01/2008	R$ 1.513,15	2.894,28	1.513,15	1,916484	R$ 2.899,93 D
137	02/2008	R$ 2.737,90	2.894,28	2.737,90	1,903351	R$ 5.211,19
138	03/2008	R$ 1.543,38	3.038,99	1.543,38	1,893693	R$ 2.922,69 D
139	04/2008	R$ 1.567,62	3.038,99	1.567,62	1,884084	R$ 2.953,53 D
140	05/2008	R$ 1.665,77	3.038,99	1.665,77	1,872103	R$ 3.118,49
141	06/2008	R$ 1.670,39	3.038,99	1.670,39	1,854301	R$ 3.097,41
142	07/2008	R$ 1.513,09	3.038,99	1.513,09	1,837579	R$ 2.780,42 D
143	08/2008	R$ 1.724,12	3.038,99	1.724,12	1,826983	R$ 3.149,94
144	09/2008	R$ 1.568,69	3.038,99	1.568,69	1,823154	R$ 2.859,96 D
145	10/2008	R$ 1.957,67	3.038,99	1.957,67	1,820424	R$ 3.563,79
146	11/2008	R$ 2.826,50	3.038,99	2.826,50	1,811367	R$ 5.119,83
147	12/2008	R$ 1.704,23	3.038,99	1.704,23	1,804510	R$ 3.075,30
148	01/2009	R$ 2.552,65	3.038,99	2.552,65	1,799292	R$ 4.592,96

31/03/2022 9/18

› Cálculo da R.M.I. pela Lei 9.876/1999

<table>
<tr><td colspan="2">Nome do Segurado:
MARIA DAS COUVES</td><td colspan="2">Nº de Identificação do Trabalhador (NIT):
123.32598.93-</td></tr>
<tr><td>CPF:
222.333.444-55</td><td>Data de Nascimento:
22/02/1964</td><td>Sexo:
Feminino</td><td>Nº do Benefício:</td></tr>
<tr><td colspan="3">Espécie do Benefício:
42 - Aposentadoria Por Tempo de Contribuição ou Programada</td><td>Nº do Processo:</td></tr>
<tr><td colspan="2">Índice Utilizado Para a Atualização dos Salários de Contribuição:
Reajuste dos Salários de Contribuição</td><td>Inscrição no INSS:
01/07/1987</td><td>Início do Benefício (DIB):
05/10/2019</td></tr>
</table>

Nº	Data	Salários de Contribuição	Teto de Contribuição	Salários Considerado	**Índice de** Atualização	Salário Corrigido
149	02/2009	R$ 2.416,40	3.218,90	2.416,40	1,787849	R$ 4.320,16
150	03/2009	R$ 2.315,13	3.218,90	2.315,13	1,782324	R$ 4.126,31
151	04/2009	R$ 2.952,84	3.218,90	2.952,84	1,778767	R$ 5.252,41
152	05/2009	R$ 1.765,10	3.218,90	1.765,10	1,769037	R$ 3.122,53
153	06/2009	R$ 1.930,42	3.218,90	1.930,42	1,758486	R$ 3.394,62
154	07/2009	R$ 1.761,56	3.218,90	1.761,56	1,751131	R$ 3.084,72
155	08/2009	R$ 1.963,59	3.218,90	1.963,59	1,747113	R$ 3.430,61
156	09/2009	R$ 1.775,08	3.218,90	1.775,08	1,745716	R$ 3.098,79
157	10/2009	R$ 2.691,13	3.218,90	2.691,13	1,742928	R$ 4.690,45
158	11/2009	R$ 1.741,21	3.218,90	1.741,21	1,738755	R$ 3.027,54
159	12/2009	R$ 2.022,93	3.218,90	2.022,93	1,732345	R$ 3.504,41
160	01/2010	R$ 1.925,59	3.467,40	1.925,59	1,728197	R$ 3.327,80
161	02/2010	R$ 1.860,42	3.467,40	1.860,42	1,713122	R$ 3.187,13
162	03/2010	R$ 1.852,01	3.467,40	1.852,01	1,701213	R$ 3.150,66
163	04/2010	R$ 1.799,39	3.467,40	1.799,39	1,689220	R$ 3.039,57
164	05/2010	R$ 3.590,71	3.467,40	3.467,40	1,676978	R$ 5.814,75
165	06/2010	R$ 1.799,39	3.467,40	1.799,39	1,669798	R$ 3.004,62
166	07/2010	R$ 1.863,09	3.467,40	1.863,09	1,671637	R$ 3.114,41
167	08/2010	R$ 1.863,09	3.467,40	1.863,09	1,672808	R$ 3.116,59
168	09/2010	R$ 3.433,51	3.467,40	3.433,51	1,673979	R$ 5.747,63
169	10/2010	R$ 2.586,44	3.467,40	2.586,44	1,664988	R$ 4.306,39
170	11/2010	R$ 2.764,56	3.467,40	2.764,56	1,649810	R$ 4.561,00

171	12/2010	R$ 3.501,58	3.467,40	3.467,40	1,632990	R$ 5.662,23
172	01/2011	R$ 1.933,97	3.691,74	1.933,97	1,623251	R$ 3.139,32
173	02/2011	R$ 4.234,68	3.691,74	3.691,74	1,608134	R$ 5.936,82
174	03/2011	R$ 1.902,68	3.691,74	1.902,68	1,599497	R$ 3.043,33
175	04/2011	R$ 1.831,28	3.691,74	1.831,28	1,589010	R$ 2.909,92 D
176	05/2011	R$ 1.847,09	3.691,74	1.847,09	1,577650	R$ 2.914,06 D
177	06/2011	R$ 2.612,35	3.691,74	2.612,35	1,568709	R$ 4.098,02
178	07/2011	R$ 1.960,74	3.691,74	1.960,74	1,565265	R$ 3.069,08
179	08/2011	R$ 1.980,26	3.691,74	1.980,26	1,565265	R$ 3.099,63
180	09/2011	R$ 2.327,37	3.691,74	2.327,37	1,558719	R$ 3.627,72
181	10/2011	R$ 2.574,00	3.691,74	2.574,00	1,551736	R$ 3.994,17
182	11/2011	R$ 2.572,86	3.691,74	2.572,86	1,546786	R$ 3.979,67
183	12/2011	R$ 2.935,16	3.691,74	2.935,16	1,538019	R$ 4.514,33
184	01/2012	R$ 3.934,14	3.916,20	3.916,20	1,530215	R$ 5.992,63
185	02/2012	R$ 3.587,97	3.916,20	3.587,97	1,522451	R$ 5.462,51

31/03/2022 10/18

<table>
<tr><td colspan="4">> Cálculo da R.M.I. pela Lei 9.876/1999</td></tr>
<tr><td colspan="2">Nome do Segurado:
MARIA DAS COUVES</td><td colspan="2">Nº de Identificação do Trabalhador (NIT):
123.32598.93-</td></tr>
<tr><td>CPF:
222.333.444-55</td><td>Data de Nascimento:
22/02/1964</td><td>Sexo:
Feminino</td><td>Nº do Benefício:</td></tr>
<tr><td colspan="3">Espécie do Benefício:
42 - Aposentadoria Por Tempo de Contribuição ou Programada</td><td>Nº do Processo:</td></tr>
<tr><td colspan="2">Índice Utilizado Para a Atualização dos Salários de Contribuição:
Reajuste dos Salários de Contribuição</td><td>Inscrição no INSS:
01/07/1987</td><td>Início do Benefício (DIB):
05/10/2019</td></tr>
</table>

Nº	Data	Salários de Contribuição	Teto de Contribuição	Salários Considerado	**Índice de** Atualização	Salário Corrigido
186	03/2012	R$ 3.371,80	3.916,20	3.371,80	1,516536	R$ 5.113,46
187	04/2012	R$ 4.562,70	3.916,20	3.916,20	1,513811	R$ 5.928,39
188	05/2012	R$ 4.034,23	3.916,20	3.916,20	1,504185	R$ 5.890,69
189	06/2012	R$ 3.694,19	3.916,20	3.694,19	1,495957	R$ 5.526,35
190	07/2012	R$ 3.763,92	3.916,20	3.763,92	1,492077	R$ 5.616,06
191	08/2012	R$ 3.610,11	3.916,20	3.610,11	1,485689	R$ 5.363,50
192	09/2012	R$ 3.697,65	3.916,20	3.697,65	1,479033	R$ 5.468,95
193	10/2012	R$ 3.760,21	3.916,20	3.760,21	1,469774	R$ 5.526,66
194	11/2012	R$ 3.620,33	3.916,20	3.620,33	1,459412	R$ 5.283,55
195	12/2012	R$ 3.958,71	3.916,20	3.916,20	1,451573	R$ 5.684,65
196	01/2013	R$ 3.724,55	4.159,00	3.724,55	1,440911	R$ 5.366,75
197	02/2013	R$ 4.428,99	4.159,00	4.159,00	1,427775	R$ 5.938,12
198	03/2013	R$ 4.125,32	4.159,00	4.125,32	1,420389	R$ 5.859,56
199	04/2013	R$ 4.484,62	4.159,00	4.159,00	1,411918	R$ 5.872,17
200	05/2013	R$ 4.685,35	4.159,00	4.159,00	1,403636	R$ 5.837,72
201	06/2013	R$ 4.222,71	4.159,00	4.159,00	1,398741	R$ 5.817,36
202	07/2013	R$ 3.847,00	4.159,00	3.847,00	1,394835	R$ 5.365,93
203	08/2013	R$ 3.983,29	4.159,00	3.983,29	1,396651	R$ 5.563,27
204	09/2013	R$ 4.832,42	4.159,00	4.159,00	1,394420	R$ 5.799,39
205	10/2013	R$ 5.631,54	4.159,00	4.159,00	1,390665	R$ 5.783,78
206	11/2013	R$ 5.408,50	4.159,00	4.159,00	1,382233	R$ 5.748,71
207	12/2013	R$ 5.289,88	4.159,00	4.159,00	1,374809	R$ 5.717,83
208	01/2014	R$ 5.706,67	4.390,24	4.390,24	1,364981	R$ 5.992,60
209	02/2014	R$ 5.112,51	4.390,24	4.390,24	1,356436	R$ 5.955,08
210	03/2014	R$ 4.053,46	4.390,24	4.053,46	1,347810	R$ 5.463,30
211	04/2014	R$ 4.084,58	4.390,24	4.084,58	1,336848	R$ 5.460,46
212	05/2014	R$ 6.005,80	4.390,24	4.390,24	1,326501	R$ 5.823,66
213	06/2014	R$ 5.779,39	4.390,24	4.390,24	1,318589	R$ 5.788,93
214	07/2014	R$ 5.824,60	4.390,24	4.390,24	1,315170	R$ 5.773,91
215	08/2014	R$ 5.728,35	4.390,24	4.390,24	1,313462	R$ 5.766,42
216	09/2014	R$ 5.552,10	4.390,24	4.390,24	1,311102	R$ 5.756,06
217	10/2014	R$ 4.295,30	4.390,24	4.295,30	1,304709	R$ 5.604,12
218	11/2014	R$ 5.473,89	4.390,24	4.390,24	1,299770	R$ 5.706,31
219	12/2014	R$ 4.537,82	4.390,24	4.390,24	1,292918	R$ 5.676,22
220	01/2015	R$ 4.453,62	4.663,75	4.453,62	1,284951	R$ 5.722,69
221	02/2015	R$ 4.569,26	4.663,75	4.569,26	1,266211	R$ 5.785,65
222	03/2015	R$ 6.255,36	4.663,75	4.663,75	1,251692	R$ 5.837,58

31/03/2022 11/18

› Cálculo da R.M.I. pela Lei 9.876/1999			
Nome do Segurado: MARIA DAS COUVES		Nº de Identificação do Trabalhador (NIT): 123.32598.93-	
CPF: 222.333.444-55	Data de Nascimento: 22/02/1964	Sexo: Feminino	Nº do Benefício:
Espécie do Benefício: 42 - Aposentadoria Por Tempo de Contribuição ou Programada			Nº do Processo:
Índice Utilizado Para a Atualização dos Salários de Contribuição: Reajuste dos Salários de Contribuição		Inscrição no INSS: 01/07/1987	Início do Benefício (DIB): 05/10/2019

Nº	Data	Salários de Contribuição	Teto de Contribuição	Salários Considerado	**Índice de** Atualização	Salário Corrigido
223	04/2015	R$ 4.377,83	4.663,75	4.377,83	1,233072	R$ 5.398,18
224	05/2015	R$ 4.838,18	4.663,75	4.663,75	1,224379	R$ 5.710,20
225	06/2015	R$ 8.084,20	4.663,75	4.663,75	1,212377	R$ 5.654,22
226	07/2015	R$ 6.522,81	4.663,75	4.663,75	1,203113	R$ 5.611,02
227	08/2015	R$ 6.447,82	4.663,75	4.663,75	1,196175	R$ 5.578,66
228	09/2015	R$ 5.885,07	4.663,75	4.663,75	1,193192	R$ 5.564,75
229	10/2015	R$ 4.812,83	4.663,75	4.663,75	1,187137	R$ 5.536,51
230	11/2015	R$ 4.784,33	4.663,75	4.663,75	1,178066	R$ 5.494,21
231	12/2015	R$ 4.820,38	4.663,75	4.663,75	1,165133	R$ 5.433,89
232	01/2016	R$ 5.133,34	5.189,82	5.133,34	1,154741	R$ 5.927,68
233	02/2016	R$ 6.393,25	5.189,82	5.189,82	1,137563	R$ 5.903,75
234	03/2016	R$ 6.006,20	5.189,82	5.189,82	1,126858	R$ 5.848,19
235	04/2016	R$ 6.112,78	5.189,82	5.189,82	1,121922	R$ 5.822,57
236	05/2016	R$ 8.901,49	5.189,82	5.189,82	1,114787	R$ 5.785,55
237	06/2016	R$ 5.216,26	5.189,82	5.189,82	1,103968	R$ 5.729,40
238	07/2016	R$ 5.047,32	5.189,82	5.047,32	1,098804	R$ 5.546,02
239	08/2016	R$ 5.043,93	5.189,82	5.043,93	1,091816	R$ 5.507,05
240	09/2016	R$ 5.312,80	5.189,82	5.189,82	1,088442	R$ 5.648,82
241	10/2016	R$ 5.432,47	5.189,82	5.189,82	1,087572	R$ 5.644,31
242	11/2016	R$ 5.826,60	5.189,82	5.189,82	1,085726	R$ 5.634,73
243	12/2016	R$ 6.134,25	5.189,82	5.189,82	1,084967	R$ 5.630,78

244	01/2017	R$ 5.675,24	5.531,31	5.531,31	1,083450	R$ 5.992,90
245	02/2017	R$ 7.908,37	5.531,31	5.531,31	1,078918	R$ 5.967,84
246	03/2017	R$ 5.560,19	5.531,31	5.531,31	1,076335	R$ 5.953,55
247	04/2017	R$ 5.322,30	5.531,31	5.322,30	1,072902	R$ 5.710,31
248	05/2017	R$ 5.745,79	5.531,31	5.531,31	1,072044	R$ 5.929,81
249	06/2017	R$ 5.829,22	5.531,31	5.531,31	1,068199	R$ 5.908,54
250	07/2017	R$ 6.143,25	5.531,31	5.531,31	1,071413	R$ 5.926,32
251	08/2017	R$ 5.410,71	5.531,31	5.410,71	1,069595	R$ 5.787,27
252	09/2017	R$ 5.553,31	5.531,31	5.531,31	1,069916	R$ 5.918,04
253	10/2017	R$ 5.611,80	5.531,31	5.531,31	1,070130	R$ 5.919,22
254	11/2017	R$ 5.547,81	5.531,31	5.531,31	1,066185	R$ 5.897,40
255	12/2017	R$ 5.640,41	5.531,31	5.531,31	1,064269	R$ 5.886,81
256	01/2018	R$ 5.714,13	5.645,80	5.645,80	1,061509	R$ 5.993,07
257	02/2018	R$ 5.569,74	5.645,80	5.569,74	1,059073	R$ 5.898,77
258	03/2018	R$ 5.567,48	5.645,80	5.567,48	1,057170	R$ 5.885,78
259	04/2018	R$ 7.470,30	5.645,80	5.645,80	1,056431	R$ 5.964,40

31/03/2022 12/18

› Cálculo da R.M.I. pela Lei 9.876/1999

Nome do Segurado: MARIA DAS COUVES		Nº de Identificação do Trabalhador (NIT): 123.32598.93-	
CPF: 222.333.444-55	Data de Nascimento: 22/02/1964	Sexo: Feminino	Nº do Benefício:
Espécie do Benefício: 42 - Aposentadoria Por Tempo de Contribuição ou Programada			Nº do Processo:
Índice Utilizado Para a Atualização dos Salários de Contribuição: Reajuste dos Salários de Contribuição		Inscrição no INSS: 01/07/1987	Início do Benefício (DIB): 05/10/2019

Nº	Data	Salários de Contribuição	Teto de Contribuição	Salários Considerado	**Índice de** Atualização	Salário Corrigido
260	05/2018	R$ 5.579,59	5.645,80	5.579,59	1,054217	R$ 5.882,10
261	06/2018	R$ 6.205,92	5.645,80	5.645,80	1,049703	R$ 5.926,42
262	07/2018	R$ 5.661,78	5.645,80	5.645,80	1,034904	R$ 5.842,87
263	08/2018	R$ 5.594,50	5.645,80	5.594,50	1,032323	R$ 5.775,34
264	09/2018	R$ 5.646,51	5.645,80	5.645,80	1,032323	R$ 5.828,29
265	10/2018	R$ 5.746,67	5.645,80	5.645,80	1,029236	R$ 5.810,86
266	11/2018	R$ 5.651,28	5.645,80	5.645,80	1,025135	R$ 5.787,71
267	12/2018	R$ 5.695,91	5.645,80	5.645,80	1,027704	R$ 5.802,22
268	01/2019	R$ 7.627,69	5.839,45	5.839,45	1,026268	R$ 5.992,84
269	02/2019	R$ 5.227,84	5.839,45	5.227,84	1,022586	R$ 5.345,92
270	03/2019	R$ 5.639,45	5.839,45	5.639,45	1,017094	R$ 5.735,85
271	04/2019	R$ 5.646,57	5.839,45	5.646,57	1,009322	R$ 5.699,21
272	05/2019	R$ 6.387,23	5.839,45	5.839,45	1,003302	R$ 5.858,74
273	06/2019	R$ 5.773,64	5.839,45	5.773,64	1,001800	R$ 5.784,03
274	07/2019	R$ 5.908,38	5.839,45	5.839,45	1,001700	R$ 5.849,38
275	08/2019	R$ 5.753,20	5.839,45	5.753,20	1,000699	R$ 5.757,22

Idade na DIB: 55,6189 anos
Nº de Parcelas no PBC: 275
Cálculo da R.M.I.:
Tempo de Contribuição: 30.6438 anos
Renda Mensal Inicial: R$ 4.635,21
Soma dos 220 Maiores Salários: R$ 1.019.747,22
Média dos Salários Corrigidos: R$ 4.635,21
Salário de Benefício: R$ 4.635,21
Coeficiente: 100,00 %
Valor Desconsiderado D

31/03/2022 13/18
Data % Juros
Benefício
Corrigido
Valor Já

› Relatório das Diferenças Não Recebidas

Nome do Segurado: MARIA DAS COUVES		Nº de Identificação do Trabalhador (NIT): 123.32598.93-	
CPF: 222.333.444-55	Data de Nascimento: 22/02/1964	Sexo: Feminino	Nº do Benefício:
Espécie do Benefício: 42 - Aposentadoria Por Tempo de Contribuição ou Programada			Nº do Processo:

Inscrição no INSS: 01/07/1987	Início do Benefício (DIB): 05/10/2019	Ajuizamento: 31/03/2022	Data da Prescrição: 05/10/2019	Data da Atualização: 31/03/2022

Parâmetros Para o Cálculo da Atualização: De 05/10/2019 a 31/03/2022 p/ Tabela da Justiça Federal com o INPC (Pró-Rata no 1º mês e Pró-Rata no último mês) 1	Parâmetros Para o Cálculo dos Juros:

Data	Benefício Corrigido	Valor Já Recebido o	Diferença	**Índice de** Atualização Atual	Valor Atualizado	% Juros	Valor dos Juros	Total Atualizado
10/2019 R$ 4.017,18	0,00	4.017,18	1,202369	4.830,14	0,0000	0,00	4.830,14	
11/2019	R$ 4.635,21	0,00	4.635,21	1,201951	5.571,30	0,0000	0,00	5.571,30
12/2019	R$ 4.635,21	0,00	4.635,21	1,195495	5.541,37	0,0000	0,00	5.541,37
13º	R$ 1.158,80	0,00	1.158,80	1,195495	1.385,34	0,0000	0,00	1.385,34
01/2020	R$ 4.719,10	0,00	4.719,10	1,181086	5.573,66	0,0000	0,00	5.573,66
02/2020	R$ 4.719,10	0,00	4.719,10	1,178846	5.563,09	0,0000	0,00	5.563,09
03/2020	R$ 4.719,10	0,00	4.719,10	1,176845	5.553,65	0,0000	0,00	5.553,65
04/2020	R$ 4.719,10	0,00	4.719,10	1,174731	5.543,67	0,0000	0,00	5.543,67
13º	R$ 2.359,55	0,00	2.359,55	1,174731	2.771,84	0,0000	0,00	2.771,84
05/2020	R$ 4.719,10	0,00	4.719,10	1,177439	5.556,45	0,0000	0,00	5.556,45
13º	R$ 2.359,55	0,00	2.359,55	1,177439	2.778,23	0,0000	0,00	2.778,23
06/2020	R$ 4.719,10	0,00	4.719,10	1,180390	5.570,38	0,0000	0,00	5.570,38
07/2020	R$ 4.719,10	0,00	4.719,10	1,176859	5.553,72	0,0000	0,00	5.553,72
08/2020	R$ 4.719,10	0,00	4.719,10	1,171704	5.529,39	0,0000	0,00	5.529,39
09/2020	R$ 4.719,10	0,00	4.719,10	1,167501	5.509,56	0,0000	0,00	5.509,56
10/2020	R$ 4.719,10	0,00	4.719,10	1,157431	5.462,04	0,0000	0,00	5.462,04
11/2020	R$ 4.719,10	0,00	4.719,10	1,147221	5.413,85	0,0000	0,00	5.413,85
12/2020	R$ 4.719,10	0,00	4.719,10	1,136425	5.362,91	0,0000	0,00	5.362,91
01/2021	R$ 4.976,29	0,00	4.976,29	1,120072	5.573,80	0,0000	0,00	5.573,80
02/2021	R$ 4.976,29	0,00	4.976,29	1,117056	5.558,80	0,0000	0,00	5.558,80

03/2021	R$ 4.976,29	0,00	4.976,29	1,107970	5.513,58	0,0000	0,00	5.513,58
04/2021	R$ 4.976,29	0,00	4.976,29	1,098523	5.466,57	0,0000	0,00	5.466,57
05/2021	R$ 4.976,29	0,00	4.976,29	1,094365	5.445,88	0,0000	0,00	5.445,88
13º	R$ 2.488,14	0,00	2.488,14	1,094365	2.722,93	0,0000	0,00	2.722,93
06/2021	R$ 4.976,29	0,00	4.976,29	1,083959	5.394,09	0,0000	0,00	5.394,09
13º	R$ 2.488,14	0,00	2.488,14	1,083959	2.697,04	0,0000	0,00	2.697,04
07/2021	R$ 4.976,29	0,00	4.976,29	1,077494	5.361,92	0,0000	0,00	5.361,92
08/2021	R$ 4.976,29	0,00	4.976,29	1,066614	5.307,78	0,0000	0,00	5.307,78
09/2021	R$ 4.976,29	0,00	4.976,29	1,057310	5.261,48	0,0000	0,00	5.261,48
10/2021	R$ 4.976,29	0,00	4.976,29	1,044772	5.199,09	0,0000	0,00	5.199,09
11/2021	R$ 4.976,29	0,00	4.976,29	1,032792	5.139,48	0,0000	0,00	5.139,48
12/2021	R$ 4.976,29	0,00	4.976,29	1,024189	5.096,66	0,0000	0,00	5.096,66
01/2022	R$ 5.481,88	0,00	5.481,88	1,016767	5.573,79	0,0000	0,00	5.573,79

31/03/2022 14/18

› Relatório das Diferenças Não Recebidas

Nome do Segurado: MARIA DAS COUVES			Nº de Identificação do Trabalhador (NIT): 123.32598.93-	
CPF: 222.333.444-55	Data de Nascimento: 22/02/1964		Sexo: Feminino	Nº do Benefício:
Espécie do Benefício: 42 - Aposentadoria Por Tempo de Contribuição ou Programada				Nº do Processo:
Inscrição no INSS: 01/07/1987	Início do Benefício (DIB): 05/10/2019	Ajuizamento: 31/03/2022	Data da Prescrição: 05/10/2019	Data da Atualização: 31/03/2022

Data	Benefício Corrigido	Valor Já Recebido o	Diferença	**Índice de** Atualização Atual	Valor Atualizado	% Juros	Valor dos Juros	Total Atualizado
02/2022	R$ 5.481,88	0,00	5.481,88	1,010000	5.536,70	0,0000	0,00	5.536,70
03/2022	R$ 5.481,88	0,00	5.481,88	1,000000	5.481,88	0,0000	0,00	5.481,88

Nova R.M.A.: R$ 5.481,88 0,00 156.932,10 175.402,06 0,00 175.402,06

(Renda Mensal Corrigida Até 31/03/2022) Honorários: 35.080,41

Multa: 0,00

Total Geral: 210.482,47

1 - Valor do benefício calculado pró-rata na data da prescrição (proporcional ao número de dias até o final do mês)

Tabela da Justiça Federal com o INPC
- ORTN de 10/1964 a 02/1986
- OTN (6,17019) de 03/1986 a 01/1989
- IPC (IBGE) de 01/1989 a 02/1989
- BTN de 03/1989 a 03/1990
- IPC (IBGE) de 03/1990 a 02/1991
- INPC de 03/1991 a 12/1992
- IRSM de 01/1993 a 02/1994
- URV (de 28/02 a 01/04/94) em 03/1994
- URV de 04/1994 a 07/1994
- IPC-R de 07/1994 a 06/1995
- INPC de 07/1995 a 04/1996
- IGP-DI de 05/1996 a 08/2006
- A partir de 09/2006 INPC

Nº de meses com diferenças: 35

Informações para imposto de renda:
Anos base anteriores: R$ 158.809,69 (32 meses)
Ano base atual (2022): R$ 16.592,37 (3 meses)
Total: R$ 175.402,06 (35 meses)

FABIO ROGÉRIO BARBOZA SANTOS E ARISTEU DE OLIVEIRA

31/03/2022 15/18

> Relatório da Evolução da R.M.I.			
Nome do Segurado: MARIA DAS COUVES		Nº de Identificação do Trabalhador (NIT): 123.32598.93-	
CPF: 222.333.444-55	Data de Nascimento: 22/02/1964	Sexo: Feminino	Nº do Benefício:
Espécie do Benefício: 42 - Aposentadoria Por Tempo de Contribuição ou Programada		Início do Benefício (DIB): 05/10/2019	Data da Atualização: 31/03/2022

Data	Valor do Benefício	Correção (%)	Reajuste Teto (%)	Teto do Benefício	Benefício Considerado
110/2019	R$ 4.635,21			5.839,45	R$ 4.017,18
11/2019	R$ 4.635,21			5.839,45	R$ 4.635,21
12/2019	R$ 4.635,21			5.839,45	R$ 4.635,21
01/2020	R$ 4.635,21	1,810000		6.101,06	R$ 4.719,10
02/2020	R$ 4.719,10			6.101,06	R$ 4.719,10
03/2020	R$ 4.719,10			6.101,06	R$ 4.719,10
04/2020	R$ 4.719,10			6.101,06	R$ 4.719,10
05/2020	R$ 4.719,10			6.101,06	R$ 4.719,10
06/2020	R$ 4.719,10			6.101,06	R$ 4.719,10
07/2020	R$ 4.719,10			6.101,06	R$ 4.719,10
08/2020	R$ 4.719,10			6.101,06	R$ 4.719,10
09/2020	R$ 4.719,10			6.101,06	R$ 4.719,10
10/2020	R$ 4.719,10			6.101,06	R$ 4.719,10
11/2020	R$ 4.719,10			6.101,06	R$ 4.719,10
12/2020	R$ 4.719,10			6.101,06	R$ 4.719,10
01/2021	R$ 4.719,10	5,450000		6.433,57	R$ 4.976,29
02/2021	R$ 4.976,29			6.433,57	R$ 4.976,29
03/2021	R$ 4.976,29			6.433,57	R$ 4.976,29
04/2021	R$ 4.976,29			6.433,57	R$ 4.976,29
05/2021	R$ 4.976,29			6.433,57	R$ 4.976,29
06/2021	R$ 4.976,29			6.433,57	R$ 4.976,29
07/2021	R$ 4.976,29			6.433,57	R$ 4.976,29
08/2021	R$ 4.976,29			6.433,57	R$ 4.976,29
09/2021	R$ 4.976,29			6.433,57	R$ 4.976,29
10/2021	R$ 4.976,29			6.433,57	R$ 4.976,29
11/2021	R$ 4.976,29			6.433,57	R$ 4.976,29
12/2021	R$ 4.976,29			6.433,57	R$ 4.976,29
01/2022	R$ 4.976,29	10,160000		7.087,22	R$ 5.481,88
02/2022	R$ 5.481,88			7.087,22	R$ 5.481,88
03/2022	R$ 5.481,88			7.087,22	R$ 5.481,88

Nova R.M.A.: 5.481,88 (Salário de Benefício Corrigido)

1 - Valor do benefício calculado pró-rata na data da prescrição (proporcional ao número de dias até o final do mês)

31/03/2022 16/18

> Cálculo dos Honorários

Nome do Segurado: MARIA DAS COUVES		Nº de Identificação do Trabalhador (NIT): 123.32598.93-	
CPF: 222.333.444-55	Data de Nascimento: 22/02/1964	Sexo: Feminino	Nº do Benefício:
Espécie do Benefício: 42 - Aposentadoria Por Tempo de Contribuição ou Programada			Nº do Processo:

Inscrição no INSS: 01/07/1987	Início do Benefício (DIB): 05/10/2019	Ajuizamento: 31/03/2022	Data da Prescrição: 05/10/2019	Data da Atualização: 31/03/2022

Honorários - Base de Cálculo:

Honorários de 20,0000 % sobre a base de cálculo, atualizada até 31/03/2022.ase de Cálculo

Data	Base de Cálculo	Base de Cálculo Atualizada	Juros Sobre a Base de Cálculo	Base de Cálculo Atualizada + Juros	Valor Calculado
10/2019	R$ 598,09	4.830,14	0,00	4.830,14	R$ 966,03
11/2019	R$ 4.635,21	5.571,30	0,00	5.571,30	R$ 1.114,26
12/2019	R$ 4.635,21	5.541,37	0,00	5.541,37	R$ 1.108,27
13º	R$ 1.158,80	1.385,34	0,00	1.385,34	R$ 277,07
01/2020	R$ 4.719,10	5.573,66	0,00	5.573,66	R$ 1.114,73
02/2020	R$ 4.719,10	5.563,09	0,00	5.563,09	R$ 1.112,62
03/2020	R$ 4.719,10	5.553,65	0,00	5.553,65	R$ 1.110,73
04/2020	R$ 4.719,10	5.543,67	0,00	5.543,67	R$ 1.108,73
13º	R$ 2.359,55	2.771,84	0,00	2.771,84	R$ 554,37
05/2020	R$ 4.719,10	5.556,45	0,00	5.556,45	R$ 1.111,29
13º	R$ 2.359,55	2.778,23	0,00	2.778,23	R$ 555,65
06/2020	R$ 4.719,10	5.570,38	0,00	5.570,38	R$ 1.114,08
07/2020	R$ 4.719,10	5.553,72	0,00	5.553,72	R$ 1.110,74
08/2020	R$ 4.719,10	5.529,39	0,00	5.529,39	R$ 1.105,88
09/2020	R$ 4.719,10	5.509,56	0,00	5.509,56	R$ 1.101,91
10/2020	R$ 4.719,10	5.462,04	0,00	5.462,04	R$ 1.092,41
11/2020	R$ 4.719,10	5.413,85	0,00	5.413,85	R$ 1.082,77
12/2020	R$ 4.719,10	5.362,91	0,00	5.362,91	R$ 1.072,58
01/2021	R$ 4.976,29	5.573,80	0,00	5.573,80	R$ 1.114,76

02/2021	R$ 4.976,29	5.558,80	0,00	5.558,80	R$ 1.111,76
03/2021	R$ 4.976,29	5.513,58	0,00	5.513,58	R$ 1.102,72
04/2021	R$ 4.976,29	5.466,57	0,00	5.466,57	R$ 1.093,31
05/2021	R$ 4.976,29	5.445,88	0,00	5.445,88	R$ 1.089,18
13º	R$ 2.488,14	2.722,93	0,00	2.722,93	R$ 544,59
06/2021	R$ 4.976,29	5.394,09	0,00	5.394,09	R$ 1.078,82
13º	R$ 2.488,14	2.697,04	0,00	2.697,04	R$ 539,41
07/2021	R$ 4.976,29	5.361,92	0,00	5.361,92	R$ 1.072,38
08/2021	R$ 4.976,29	5.307,78	0,00	5.307,78	R$ 1.061,56
09/2021	R$ 4.976,29	5.261,48	0,00	5.261,48	R$ 1.052,30
10/2021	R$ 4.976,29	5.199,09	0,00	5.199,09	R$ 1.039,82
11/2021	R$ 4.976,29	5.139,48	0,00	5.139,48	R$ 1.027,90
12/2021	R$ 4.976,29	5.096,66	0,00	5.096,66	R$ 1.019,33
01/2022	R$ 5.481,88	5.573,79	0,00	5.573,79	R$ 1.114,76
02/2022	R$ 5.481,88	5.536,70	0,00	5.536,70	R$ 1.107,34
03/2022	R$ 5.481,88	5.481,88	0,00	5.481,88	R$ 1.096,38

31/03/2022 17/18

› Cálculo dos Honorários

Nome do Segurado: MARIA DAS COUVES			Nº de Identificação do Trabalhador (NIT): 123.32598.93-	
CPF: 222.333.444-55	Data de Nascimento: 22/02/1964		Sexo: Feminino	Nº do Benefício:
Espécie do Benefício: 42 - Aposentadoria Por Tempo de Contribuição ou Programada				Nº do Processo:
Inscrição no INSS: 01/07/1987	Início do Benefício (DIB): 05/10/2019	Ajuizamento: 31/03/2022	Data da Prescrição: 05/10/2019	Data da Atualização: 31/03/2022

Data	Base de Cálculo	Base de Cálculo Atualizada	Juros Sobre a Base de Cálculo	Base de Cálculo Atualizada + Juros	Valor Calculado
Totais:	153.513,01	175.402,06	0,00	175.402,06	35.080,41

Sobre a Base Atualizada:	Valor Fixo:
35.080,41	0,00
Sobre os Juros:	Total Geral:
0,00	35.080,41

Informações para imposto de renda:
Anos base anteriores: R$ 31.761,94 (32 meses)
Ano base atual (2022): R$ 3.318,47 (3 meses)
Total: R$ 35.080,41 (35 meses)

31/03/2022 18/18

12.2. SEGUNDO CÁLCULO – JOÃO SUPIMPA – SIMULAÇÃO DE VÁRIOS TIPOS DE APOSENTADORIA

Aposentadoria especial, fazendo uma análise por Espécie de Benefício.

Sobre a aposentadoria especial, o § 1º do artigo 201 da Constituição Federal determina a contagem diferenciada dos períodos em que os segurados desenvolveram atividades especiais. Por conseguinte, a Lei 8.213/91, regulamentando a previsão constitucional, estabeleceu a necessidade do desempenho de atividades nocivas durante 15, 20 ou 25 anos para a concessão da aposentadoria especial, dependendo da profissão e/ou agentes nocivos, conforme previsto no artigo 57 do referido diploma legal.

É importante destacar que a comprovação da atividade especial até 28 de abril de 1995 era feita com o enquadramento por atividade profissional (situação em que havia presunção de submissão a agentes nocivos) ou por agente nocivo, cuja comprovação demandava preenchimento pela empresa de formulários SB40 ou DSS-8030, indicando o agente nocivo sob o qual o segurado esteve submetido. Todavia, com a nova redação do artigo 57 da Lei 8.213/91, dada pela Lei 9.032/95, passou a ser necessária a comprovação real da exposição aos agentes nocivos, sendo indispensável à apresentação de formulários, independentemente do tipo de agente especial.

Além do mais, a partir do Decreto nº 2.172/97, que regulamentou as disposições introduzidas no artigo 58 da Lei de Benefícios pela Medida Provisória nº 1.523/96 (convertida na Lei nº 9.528/97), passou-se a exigir a apresentação de formulário padrão, embasado em laudo técnico, ou perícia técnica. Entretanto, para o ruído e o calor, sempre foi necessária a comprovação por meio de laudo pericial.

Não obstante, os segurados que desempenharam atividade considerada especial podem comprovar tal aspecto observando a legislação vigente à data do labor desenvolvido.

Vejamos a seguir:

> Resumo do Cálculo

Nome do Segurado: JOÃO SUPIMPA		Nº de Identificação do Trabalhador (NIT): 122.11216.55-4	
CPF: 000.111.222-33	Data de Nascimento: 19/04/1969	Sexo: Masculino	Nº do Benefício:
Espécie do Benefício: 46 - Aposentadoria Especial		Início do Benefício (DIB): 12/12/2014	Data da Atualização: 14/09/2021

Renda Mensal Corrigida Até 14/09/2021: R$ 5.561,68

> Resumo do Cálculo

Nome do Segurado: Nº de Identificação do Trabalhador (NIT):

JOÃO SUPIMPA	122.11216.55-4

CPF: Data de Nascimento: Sexo: Nº do Benefício:

000.111.222-33	19/04/1969	Masculino	

Espécie do Benefício: Aposentadoria Especial Início do Benefício (DIB): Data da Atualização: 14/09/2021

46 - Aposentadoria Especial	12/12/2014

Renda Mensal Corrigida Até 14/09/2021: R$ 5.561,68

Principal:

333.663,36

Correção Monetária:

0,00

Total Atualizado:

333.663,36

Valor dos Juros:

0,00

Total Atualizado + Valor dos Juros:

333.663,36

Honorários Sobre a Base de Cálculo Atualizada:

0,00

Honorários Sobre os Juros da Base de Cálculo:

0,00

Valor Fixo de Honorários:

0,00

Total Atualizado de Honorários:

0,00

Multa:

0,00

Total Geral:

333.663,36

Total geral atualizado até 14/09/2021

31/03/2022 1/19

> Análise Por Espécie de Benefício			
Nome do Segurado: JOÃO SUPIMPA		Nº de Identificação do Trabalhador (NIT): 122.11216.55-4	
CPF: 000.111.222-33	Data de Nascimento: 19/04/1969	Sexo: Masculino	Nº do Benefício:
		Início do Benefício (DIB): 12/12/2014	Data da Atualização: 14/09/2021

> 42 - Aposentadoria Por Tempo de Contribuição ou Programada			
Tempo de Contribuição	Carência	Idade	RMI
39 anos e 10 dias	349 contribuições	45 anos	Atingiu os Requisitos
			R$ 2.804,82
Necessário: 35 anos	Necessário: 180 contribuições	Não exige idade mínima	
O tempo mínimo de 35 anos foi atingido em 12/12/2014			

> 42 - Aposentadoria Por Pontos (Regra 85/95 Progressiva)			
Tempo de Contribuição 39 anos e 10 dias	Carência 349 contribuições	Pontos	RMI Não Disponível
			R$ 0,00
Necessário: 35 anos	Necessário: 180 contribuições	DIB anterior à 17/06/2015	

> 46 - Aposentadoria Especial (Considerando-se somente o tempo especial e 25 anos de contribuição)			
Tempo de Contribuição	Carência	Idade	RMI
25 anos, 5 meses e 8 dias	305 contribuições	45 anos	Atingiu os Requisitos
			R$ 4.006,89
Necessário: 25 anos	Necessário: 180 contribuições	Não exige idade mínima	Maior RMI

› 41 - Aposentadoria Por Idade ou Programada

Tempo de Contribuição	Carência	Idade	RMI
39 anos e 10 dias	349 contribuições	45 anos	Não Disponível
			R$ 0,00
	Necessário: 180 contribuições		

Análise futura não disponível, pois os requisitos mínimos seriam atingidos após a EC 103 de 13/11/2019

31/03/2022 2/19

› Análise Por Espécie de Benefício

Nome do Segurado: JOÃO SUPIMPA		Nº de Identificação do Trabalhador (NIT): 122.11216.55-4	
CPF: 000.111.222-33	Data de Nascimento: 19/04/1969	Sexo: Masculino	Nº do Benefício:
		Início do Benefício (DIB): 12/12/2014	Data da Atualização: 14/09/2021

› 31 – Auxílio-Doença Previdenciário ou Incapacidade Temporária

Tempo de Contribuição	Carência	Idade	RMI
39 anos e 10 dias	349 contribuições	45 anos	Atingiu os Requisitos
			R$ 3.646,26
Sem Tempo Mínimo Necessário	Necessário: 12 contribuições	Não exige idade mínima	

› 32 - Invalidez ou Incapacidade Permanente Previdenciária			
Tempo de Contribuição 39 anos e 10 dias	Carência 349 contribuições	Idade 45 anos	*RMI Atingiu os Requisitos
			R$ 4.006,89
Necessário: 35 anos	Necessário: 12 contribuições	Não exige idade mínima	Maior RMI
*Se estiver recebendo auxílio-doença não há carência			

› 36 – Auxílio Acidente Previdenciário			
Tempo de Contribuição	Carência	Idade	*RMI
39 anos e 10 dias	349 contribuições	45 anos	Atingiu os Requisitos
			R$ 2.003,44
Sem tempo mínimo necessário	Sem carência mínima necessária	Não exige idade mínima	

› 21 - Aposentadoria Por Morte Previdenciária			
Tempo de Contribuição 39 anos e 10 dias	Carência 349 contribuições	Idade 45 anos	*RMI Atingiu os Requisitos
			R$ 4.006,89
Sem tempo mínimo necessário	Sem Carência mínima necessária	Não exige idade mínima	Maior RMI

* As projeções futuras são feitas com a repetição do último salário de contribuição, gerando RMI's com valores aproximados

31/03/2022 3/19

› Relatório do Tempo de Contribuição			
Nome do Segurado: JOÃO SUPIMPA		Nº de Identificação do Trabalhador (NIT): 122.11216.55-4	
CPF: 000.111.222-33	Data de Nascimento: 19/04/1969	Sexo: Masculino	Nº do Benefício:

<table>
<tr><td colspan="4">Espécie de Benefício
46 - Aposentadoria Especial:</td><td>Início do Benefício
(DIB): 12/12/2014</td><td>Data da
Atualização:
14/09/2021</td></tr>
<tr><td colspan="6">Períodos Informados</td></tr>
<tr><td>II Início</td><td>FF Fim</td><td>Tipo</td><td colspan="2">Empresa</td><td>Cargo</td></tr>
</table>

* 02/01/1985 30/10/1985 Normal TAKEOVER COMERCIO E INTERMEDIACAO DE
* 30/10/1985 01/03/1987 Normal THOMPSON ASSESSORIA E PARTICIPACOES SC
* 01/03/1987 16/07/1987 Normal PROGRESSO SA CONSULTORIA E
* 21/09/1987 03/08/1988 Normal DISTRIBUIDORA DE COMESTIVEIS DISCO SA
* 05/07/1989 19/09/2021 Especial COMPANHIA PAULISTA DE TRENS Maquinista

Legenda: * (Contribuições consideradas na carência)

› Períodos Considerados no Cálculo

Início	Fim	Tipo	Empresa	Tempo de Contribuição Anos | Meses | Dias			Fator	Total (TC X Fator) Anos|Meses|Dias		
02/01/1985	29/10/1985	Normal	TAKEOVER COMERCIO E INTERMEDIACAO DE	0	9	28	1,00	0	9	28
#30/10/1985	30/10/1985	Normal	TAKEOVER COMERCIO E INTERMEDIACAO DE THOMPSON ASSESSORIA E PARTICIPAÇÕES SC	0	0	1	1,00	0	0	1
31/10/1985	28/02/1987	Normal	THOMPSON ASSESSORIA E PARTICIPAÇÕES SC	1	4	1	1,00	1	4	1
#01/03/1987	01/03/1987	Normal	THOMPSON ASSESSORIA E PARTICIPAÇÕES SC	0	0	1	1,00	0	0	1
02/03/1987	16/07/1987	Normal	PROGRESSO SA CONSULTORIA E	0	4	15	1,00	0	4	15
21/09/1987	03/08/1988	Normal	DISTRIBUIDORA DE COMESTÍVEIS DISCO SA	0	10	13	1,00	0	10	13
05/07/1989	12/12/2014	Normal	COMPANHIA PAULISTA DE TRENS	25	5	8	1,40	35	7	11
Legenda # (Atividades Concomitantes)			TOTAIS:	28	10	7		39	0	10

031/03/2022 4/19

> Relatório do Tempo de Contribuição

Nome do Segurado: JOÃO SUPIMPA		Nº de Identificação do Trabalhador (NIT): 122.11216.55-4	
CPF: 000.111.222-33	Data de Nascimento: 19/04/1969	Sexo: Masculino	Nº do Benefício:
46 - Aposentadoria Especial		Início do Benefício (DIB): 12/12/2014	Data da Atualização: 14/09/2021

Análise dos Dados	
Tempo de Contribuição Especial	Pedágio
Tempo de Contribuição em 16/12/1998 (EC 20/98) 12 anos, 10 meses e 10 dias Tempo de Contribuição em 29/11/1999 (Lei 8.876/99): 13 anos, 9 meses e 23 dias Tempo de Contribuição na D.I.B.: 35 anos, 7 meses e 11 dias Necessário: 25 anos	Pedágio para Aposentadoria Proporcional: 4 anos, 10 meses e 8 dias Tempo de Aposentadoria Proporcional com Pedágio 29 anos, 10 meses e 8 dias Tempo Restante na DIB p/ Aposentadoria Proporcional: Tempo já atingido para aposentadoria proporcional Tempo Restante na DIB Para Aposentadoria Integral: Tempo já atingido para aposentadoria integral

Carência	Idade
Número de Contribuições em 12/1998 (EC 20/98): 157 contribuições Número de Contribuições em 11/1999 (Lei 9.876/99) 168 contribuições Número de Contribuições na D.I.B.: 349 contribuições Necessário: 180 contribuições	Idade em 16/12/1998 (EC 20/98): 29 anos, 7 meses e 27 dias Idade em 29/11/1999 (Lei 9.876/99) 30 anos, 7 meses e 10 dias Idade na DIB: 45 anos, 7 meses e 23 dias Não exige idade mínima Possível aposentadoria por idade 19/04/2034 (65 anos)

Fábio Rogério Barboza Santos e Aristeu de Oliveira

031/03/2022 5/19

› Cálculo da R.M.I. pela Lei 9.876/1999

Nome do Segurado: JOÃO SUPIMPA		Nº de Identificação do Trabalhador (NIT): 122.11216.55-4	
CPF: 000.111.222-33	Data de Nascimento: 19/04/1969	Sexo: Masculino	Nº do Benefício:
de Espécie de Benefício: 46 - Aposentadoria Especial		Nº do Processo:	
Índice Utilizado Para a Atualização dos Salários de Contribuição: Reajuste dos Salários de Contribuição		Inscrição no INSS: 02/01/1985	Início do Benefício (DIB): 12/12/2014

Nº	Data	Salários de Contribuição	Teto de Contribuição	Salários Considerado	**Índice de** Atualização	Salário Corrigido
001	07/1994	R$ 989,66	582,86	582,86	6,327078	R$ 3.687,80
002	08/1994	R$ 1.036,41	582,86	582,86	5,964440	R$ 3.476,43
003	09/1994	R$ 1.133,96	582,86	582,86	5,655642	R$ 3.296,45
004	10/1994	R$ 1.257,79	582,86	582,86	5,571512	R$ 3.247,41
005	11/1994	R$ 1.359,65	582,86	582,86	5,469774	R$ 3.188,11
006	12/1994	R$ 660,75	582,86	582,86	5,296576	R$ 3.087,16
007	01/1995	R$ 1.340,95	582,86	582,86	5,183067	R$ 3.021,00 D
008	02/1995	R$ 1.123,04	582,86	582,86	5,097932	R$ 2.971,38 D
009	03/1995	R$ 1.013,71	582,86	582,86	5,047957	R$ 2.942,25 D
010	04/1995	R$ 1.282,86	582,86	582,86	4,977770	R$ 2.901,34 D
011	05/1995	R$ 1.560,87	832,66	832,66	4,883997	R$ 4.066,71
012	06/1995	R$ 1.639,12	832,66	832,66	4,761624	R$ 3.964,81
013	07/1995	R$ 2.000,50	832,66	832,66	4,676511	R$ 3.893,94
014	08/1995	R$ 2.120,50	832,66	832,66	4,564231	R$ 3.800,45
015	09/1995	R$ 2.459,87	832,66	832,66	4,518146	R$ 3.762,08
016	10/1995	R$ 1.923,12	832,66	832,66	4,465895	R$ 3.718,57
017	11/1995	R$ 1.052,62	832,66	832,66	4,404236	R$ 3.667,23
018	12/1995	R$ 2.787,75	832,66	832,66	4,338721	R$ 3.612,68
019	01/1996	R$ 2.012,75	832,66	832,66	4,268294	R$ 3.554,04
020	02/1996	R$ 1.804,12	832,66	832,66	4,206874	R$ 3.502,90
021	03/1996	R$ 1.863,87	832,66	832,66	4,177216	R$ 3.478,20
022	04/1996	R$ 2.015,75	832,66	832,66	4,165137	R$ 3.468,14
023	05/1996	R$ 1.986,25	957,56	957,56	4,136183	R$ 3.960,64
024	06/1996	R$ 2.289,49	957,56	957,56	4,067844	R$ 3.895,20

025	07/1996	R$ 2.202,12	957,56	957,56	4,018814	R$ 3.848,26
026	08/1996	R$ 2.250,86	957,56	957,56	3,975481	R$ 3.806,76
027	09/1996	R$ 3.020,74	957,56	957,56	3,975322	R$ 3.806,61
028	10/1996	R$ 2.444,49	957,56	957,56	3,970161	R$ 3.801,67
029	11/1996	R$ 742,49	957,56	742,49	3,961446	R$ 2.941,33 D
030	12/1996	R$ 2.127,11	957,56	957,56	3,950385	R$ 3.782,73
031	01/1997	R$ 4.288,50	957,56	957,56	3,915925	R$ 3.749,73
032	02/1997	R$ 3.680,75	957,56	957,56	3,855015	R$ 3.691,41
033	03/1997	R$ 3.048,25	957,56	957,56	3,838892	R$ 3.675,97
034	04/1997	R$ 5.465,11	957,56	957,56	3,794872	R$ 3.633,82
035	05/1997	R$ 4.246,74	957,56	957,56	3,772613	R$ 3.612,50
036	06/1997	R$ 2.093,00	1.031,87	1.031,87	3,761329	R$ 3.881,20
037	07/1997	R$ 2.393,12	1.031,87	1.031,87	3,735183	R$ 3.854,22

31/03/2022 6/19

> Cálculo da R.M.I. pela Lei 9.876/1999

Nome do Segurado: JOÃO SUPIMPA		Nº de Identificação do Trabalhador (NIT): 122.11216.55-4	
CPF: 000.111.222-33	Data de Nascimento: 19/04/1969	Sexo: Masculino	Nº do Benefício:
de Espécie de Benefício: 46 - Aposentadoria Especial		Nº do Processo:	
Índice Utilizado Para a Atualização dos Salários de Contribuição: Reajuste dos Salários de Contribuição		Inscrição no INSS: 02/01/1985	Início do Benefício (DIB): 12/12/2014

Nº	Data	Salários de Contribuição	Teto de Contribuição	Salários Considerado	**Índice de** Atualização	Salário Corrigido
038	08/1997	R$ 2.934,12	1.031,87	1.031,87	3,731824	R$ 3.850,76
039	09/1997	R$ 5.754,99	1.031,87	1.031,87	3,731824	R$ 3.850,76
040	10/1997	R$ 3.535,62	1.031,87	1.031,87	3,709936	R$ 3.828,17
041	11/1997	R$ 1.548,12	1.031,87	1.031,87	3,697365	R$ 3.815,20
042	12/1997	R$ 4.987,74	1.031,87	1.031,87	3,666929	R$ 3.783,79
043	01/1998	R$ 4.353,00	1.031,87	1.031,87	3,641801	R$ 3.757,87

044	02/1998	R$ 3.541,37	1.031,87	1.031,87	3,610032	R$ 3.725,08
045	03/1998	R$ 2.672,87	1.031,87	1.031,87	3,609310	R$ 3.724,34
046	04/1998	R$ 2.846,37	1.031,87	1.031,87	3,601028	R$ 3.715,79
047	05/1998	R$ 2.759,75	1.031,87	1.031,87	3,601028	R$ 3.715,79
048	06/1998	R$ 2.874,12	1.081,50	1.081,50	3,592765	R$ 3.885,58
049	07/1998	R$ 2.972,88	1.081,50	1.081,50	3,582733	R$ 3.874,73
050	08/1998	R$ 2.977,37	1.081,50	1.081,50	3,582733	R$ 3.874,73
051	09/1998	R$ 2.557,86	1.081,50	1.081,50	3,582733	R$ 3.874,73
052	10/1998	R$ 2.540,99	1.081,50	1.081,50	3,582733	R$ 3.874,73
053	11/1998	R$ 4.624,62	1.081,50	1.081,50	3,582733	R$ 3.874,73
054	12/1998	R$ 3.920,62	1.200,00	1.200,00	3,582733	R$ 4.299,28
055	01/1999	R$ 1.764,61	1.200,00	1.200,00	3,547963	R$ 4.257,56
056	02/1999	R$ 2.623,42	1.200,00	1.200,00	3,507625	R$ 4.209,15
057	03/1999	R$ 2.517,93	1.200,00	1.200,00	3,358508	R$ 4.030,21
058	04/1999	R$ 2.538,26	1.200,00	1.200,00	3,293300	R$ 3.951,96
059	05/1999	R$ 2.841,39	1.200,00	1.200,00	3,292313	R$ 3.950,78
060	06/1999	R$ 2.536,57	1.255,32	1.255,32	3,292313	R$ 4.132,91
061	07/1999	R$ 2.895,73	1.255,32	1.255,32	3,259070	R$ 4.091,18
062	08/1999	R$ 2.391,56	1.255,32	1.255,32	3,208062	R$ 4.027,14
063	09/1999	R$ 4.602,21	1.255,32	1.255,32	3,162210	R$ 3.969,59
064	10/1999	R$ 2.500,94	1.255,32	1.255,32	3,116399	R$ 3.912,08
065	11/1999	R$ 1.400,87	1.255,32	1.255,32	3,058591	R$ 3.839,51
066	12/1999	R$ 3.495,92	1.255,32	1.255,32	2,983118	R$ 3.744,77
067	01/2000	R$ 2.566,22	1.255,32	1.255,32	2,946872	R$ 3.699,27
068	02/2000	R$ 2.616,34	1.255,32	1.255,32	2,917117	R$ 3.661,92
069	03/2000	R$ 2.512,42	1.255,32	1.255,32	2,911585	R$ 3.654,97
070	04/2000	R$ 2.641,37	1.255,32	1.255,32	2,906354	R$ 3.648,40
071	05/2000	R$ 2.762,39	1.255,32	1.255,32	2,902580	R$ 3.643,67
072	06/2000	R$ 2.465,59	1.328,25	1.328,25	2,883263	R$ 3.829,69
073	07/2000	R$ 2.547,72	1.328,25	1.328,25	2,856695	R$ 3.794,41
074	08/2000	R$ 2.708,08	1.328,25	1.328,25	2,793561	R$ 3.710,55

31/03/2022 7/19

› Cálculo da R.M.I. pela Lei 9.876/1999			
Nome do Segurado: JOÃO SUPIMPA		Nº de Identificação do Trabalhador (NIT): 122.11216.55-4	
CPF: 000.111.222-33	Data de Nascimento: 19/04/1969	Sexo: Masculino	Nº do Benefício:
de Espécie de Benefício: 46 - Aposentadoria Especial		Nº do Processo:	
Índice Utilizado Para a Atualização dos Salários de Contribuição: Reajuste dos Salários de Contribuição		Inscrição no INSS: 02/01/1985	Início do Benefício (DIB): 12/12/2014

Nº	Data	Salários de Contribuição	Teto de Contribuição	Salários Considerado	**Índice de** Atualização	Salário Corrigido
075	09/2000	R$ 3.654,84	1.328,25	1.328,25	2,743627	R$ 3.644,22
076	10/2000	R$ 2.427,57	1.328,25	1.328,25	2,724826	R$ 3.619,25
077	11/2000	R$ 1.331,20	1.328,25	1.328,25	2,714781	R$ 3.605,91
078	12/2000	R$ 3.241,20	1.328,25	1.328,25	2,704234	R$ 3.591,90
079	01/2001	R$ 2.639,28	1.328,25	1.328,25	2,683837	R$ 3.564,81
080	02/2001	R$ 2.452,81	1.328,25	1.328,25	2,670750	R$ 3.547,43
081	03/2001	R$ 2.222,20	1.328,25	1.328,25	2,661701	R$ 3.535,40
082	04/2001	R$ 2.349,03	1.328,25	1.328,25	2,640576	R$ 3.507,35
083	05/2001	R$ 2.462,85	1.328,25	1.328,25	2,611071	R$ 3.468,16
084	06/2001	R$ 2.541,79	1.430,00	1.430,00	2,599633	R$ 3.717,48
085	07/2001	R$ 2.621,84	1.430,00	1.430,00	2,562224	R$ 3.663,98
086	08/2001	R$ 5.365,37	1.430,00	1.430,00	2,521378	R$ 3.605,57
087	09/2001	R$ 3.301,25	1.430,00	1.430,00	2,498888	R$ 3.573,41
088	10/2001	R$ 2.936,37	1.430,00	1.430,00	2,489428	R$ 3.559,88
089	11/2001	R$ 1.817,89	1.430,00	1.430,00	2,453847	R$ 3.509,00
090	12/2001	R$ 2.903,28	1.430,00	1.430,00	2,435339	R$ 3.482,53
091	01/2002	R$ 1.974,72	1.430,00	1.430,00	2,430963	R$ 3.476,28
092	02/2002	R$ 2.040,47	1.430,00	1.430,00	2,426353	R$ 3.469,69
093	03/2002	R$ 1.931,61	1.430,00	1.430,00	2,421993	R$ 3.463,45
094	04/2002	R$ 1.831,01	1.430,00	1.430,00	2,419332	R$ 3.459,65
095	05/2002	R$ 1.894,97	1.430,00	1.430,00	2,402514	R$ 3.435,60
096	06/2002	R$ 1.834,47	1.561,56	1.561,56	2,376139	R$ 3.710,48
097	07/2002	R$ 1.855,25	1.561,56	1.561,56	2,335501	R$ 3.647,03

098	08/2002	R$ 3.355,24	1.561,56	1.561,56	2,288585	R$ 3.573,76
099	09/2002	R$ 1.802,16	1.561,56	1.561,56	2,235820	R$ 3.491,37
100	10/2002	R$ 2.412,96	1.561,56	1.561,56	2,178313	R$ 3.401,57
101	11/2002	R$ 2.263,96	1.561,56	1.561,56	2,090311	R$ 3.264,15
102	12/2002	R$ 2.687,92	1.561,56	1.561,56	1,974972	R$ 3.084,04 D
103	01/2003	R$ 2.320,99	1.561,56	1.561,56	1,923050	R$ 3.002,96 D
104	02/2003	R$ 3.402,34	1.561,56	1.561,56	1,882206	R$ 2.939,18 D
105	03/2003	R$ 2.887,92	1.561,56	1.561,56	1,852747	R$ 2.893,18 D
106	04/2003	R$ 2.790,40	1.561,56	1.561,56	1,822494	R$ 2.845,93 D
107	05/2003	R$ 3.581,62	1.561,56	1.561,56	1,815052	R$ 2.834,31 D
108	06/2003	R$ 2.848,89	1.869,34	1.869,34	1,827295	R$ 3.415,84
109	07/2003	R$ 3.032,25	1.869,34	1.869,34	1,840176	R$ 3.439,92
110	08/2003	R$ 4.267,36	1.869,34	1.869,34	1,843864	R$ 3.446,81
111	09/2003	R$ 3.030,44	1.869,34	1.869,34	1,832502	R$ 3.425,57

31/03/2022 8/19

› Cálculo da R.M.I. pela Lei 9.876/1999			
Nome do Segurado: JOÃO SUPIMPA		Nº de Identificação do Trabalhador (NIT): 122.11216.55-4	
CPF: 000.111.222-33	Data de Nascimento: 19/04/1969	Sexo: Masculino	Nº do Benefício:
de Espécie de Benefício: 46 - Aposentadoria Especial		Nº do Processo:	
Índice Utilizado Para a Atualização dos Salários de Contribuição: Reajuste dos Salários de Contribuição		Inscrição no INSS: 02/01/1985	Início do Benefício (DIB): 12/12/2014

Nº	Data	Salários de Contribuição	Teto de Contribuição	Salários Considerado	**Índice de** Atualização	Salário Corrigido
112	10/2003	R$ 1.983,30	1.869,34	1.869,34	1,813461	R$ 3.389,98
113	11/2003	R$ 2.948,80	1.869,34	1.869,34	1,805517	R$ 3.375,13
114	12/2003	R$ 3.992,49	1.869,34	1.869,34	1,796892	R$ 3.359,00
115	01/2004	R$ 3.634,11	2.400,00	2.400,00	1,786175	R$ 4.286,82
116	02/2004	R$ 3.434,00	2.400,00	2.400,00	1,771999	R$ 4.252,80

117	03/2004	R$ 3.534,87	2.400,00	2.400,00	1,765115	R$ 4.236,28
118	04/2004	R$ 3.223,02	2.400,00	2.400,00	1,755111	R$ 4.212,27
119	05/2004	R$ 3.629,82	2.508,72	2.508,72	1,747944	R$ 4.385,10
120	06/2004	R$ 3.476,50	2.508,72	2.508,72	1,740980	R$ 4.367,63
121	07/2004	R$ 3.314,67	2.508,72	2.508,72	1,732318	R$ 4.345,90
122	08/2004	R$ 5.666,88	2.508,72	2.508,72	1,719764	R$ 4.314,41
123	09/2004	R$ 3.370,82	2.508,72	2.508,72	1,711208	R$ 4.292,94
124	10/2004	R$ 2.485,10	2.508,72	2.485,10	1,708304	R$ 4.245,31
125	11/2004	R$ 3.473,59	2.508,72	2.508,72	1,705405	R$ 4.278,38
126	12/2004	R$ 3.720,83	2.508,72	2.508,72	1,697934	R$ 4.259,64
127	01/2005	R$ 3.639,89	2.508,72	2.508,72	1,683456	R$ 4.223,32
128	02/2005	R$ 3.638,83	2.508,72	2.508,72	1,673915	R$ 4.199,39
129	03/2005	R$ 3.398,05	2.508,72	2.508,72	1,666582	R$ 4.180,99
130	04/2005	R$ 3.390,00	2.508,72	2.508,72	1,654504	R$ 4.150,69
131	05/2005	R$ 3.368,36	2.668,15	2.668,15	1,639584	R$ 4.374,66
132	06/2005	R$ 4.352,04	2.668,15	2.668,15	1,628187	R$ 4.344,25
133	07/2005	R$ 3.421,16	2.668,15	2.668,15	1,629979	R$ 4.349,03
134	08/2005	R$ 3.514,80	2.668,15	2.668,15	1,629491	R$ 4.347,73
135	09/2005	R$ 7.892,76	2.668,15	2.668,15	1,629491	R$ 4.347,73
136	10/2005	R$ 3.143,46	2.668,15	2.668,15	1,627050	R$ 4.341,21
137	11/2005	R$ 3.333,50	2.668,15	2.668,15	1,617668	R$ 4.316,18
138	12/2005	R$ 300,00	2.668,15	300,00	1,608979	R$ 482,69 D
139	01/2006	R$ 373,57	2.668,15	373,57	1,602569	R$ 598,67 D
140	02/2006	R$ 300,00	2.668,15	300,00	1,596502	R$ 478,95 D
141	03/2006	R$ 300,00	2.668,15	300,00	1,592839	R$ 477,85 D
142	04/2006	R$ 3.231,47	2.801,56	2.801,56	1,588550	R$ 4.450,42
143	05/2006	R$ 3.480,40	2.801,56	2.801,56	1,586646	R$ 4.445,08
144	06/2006	R$ 3.375,26	2.801,56	2.801,56	1,584586	R$ 4.439,31
145	07/2006	R$ 2.655,91	2.801,56	2.655,91	1,585696	R$ 4.211,47
146	08/2006	R$ 3.520,90	2.801,82	2.801,82	1,583953	R$ 4.437,95
147	09/2006	R$ 7.484,21	2.801,82	2.801,82	1,584270	R$ 4.438,84
148	10/2006	R$ 2.379,07	2.801,82	2.379,07	1,581739	R$ 3.763,07

31/03/2022 9/19

<table>
<tr><td colspan="3">> Cálculo da R.M.I. pela Lei 9.876/1999</td></tr>
<tr><td colspan="2">Nome do Segurado:
JOÃO SUPIMPA</td><td colspan="2">Nº de Identificação do Trabalhador (NIT):
122.11216.55-4</td></tr>
<tr><td>CPF:
000.111.222-33</td><td>Data de Nascimento:
19/04/1969</td><td>Sexo:
Masculino</td><td>Nº do Benefício:</td></tr>
<tr><td colspan="2">de Espécie de Benefício:
46 - Aposentadoria Especial</td><td colspan="2">Nº do Processo:</td></tr>
<tr><td colspan="2">Índice Utilizado Para a Atualização dos Salários de Contribuição:
Reajuste dos Salários de Contribuição</td><td>Inscrição no INSS:
02/01/1985</td><td>Início do Benefício (DIB):
12/12/2014</td></tr>
</table>

Nº	Data	Salários de Contribuição	Teto de Contribuição	Salários Considerado	**Índice de** Atualização	Salário Corrigido
149	11/2006	R$ 3.588,92	2.801,82	2.801,82	1,574967	R$ 4.412,78
150	12/2006	R$ 2.467,60	2.801,82	2.467,60	1,568380	R$ 3.870,14
151	01/2007	R$ 2.413,02	2.801,82	2.413,02	1,558716	R$ 3.761,21
152	02/2007	R$ 2.574,04	2.801,82	2.574,04	1,551115	R$ 3.992,63
153	03/2007	R$ 2.536,34	2.801,82	2.536,34	1,544628	R$ 3.917,70
154	04/2007	R$ 2.550,79	2.894,28	2.550,79	1,537861	R$ 3.922,76
155	05/2007	R$ 2.623,65	2.894,28	2.623,65	1,533873	R$ 4.024,35
156	06/2007	R$ 2.546,34	2.894,28	2.546,34	1,529895	R$ 3.895,64
157	07/2007	R$ 3.538,64	2.894,28	2.894,28	1,525167	R$ 4.414,26
158	08/2007	R$ 2.580,16	2.894,28	2.580,16	1,520302	R$ 3.922,62
159	09/2007	R$ 2.536,25	2.894,28	2.536,25	1,511385	R$ 3.833,25
160	10/2007	R$ 4.319,60	2.894,28	2.894,28	1,507616	R$ 4.363,46
161	11/2007	R$ 4.299,82	2.894,28	2.894,28	1,503107	R$ 4.350,41
162	12/2007	R$ 5.542,57	2.894,28	2.894,28	1,496671	R$ 4.331,79
163	01/2008	R$ 2.591,65	2.894,28	2.591,65	1,482293	R$ 3.841,59
164	02/2008	R$ 2.995,76	2.894,28	2.894,28	1,472135	R$ 4.260,77
165	03/2008	R$ 2.953,09	3.038,99	2.953,09	1,464665	R$ 4.325,29
166	04/2008	R$ 1.090,70	3.038,99	1.090,70	1,457233	R$ 1.589,41 D
167	05/2008	R$ 415,00	3.038,99	415,00	1,447967	R$ 600,91 D
168	06/2008	R$ 415,00	3.038,99	415,00	1,434198	R$ 595,19 D
169	07/2008	R$ 415,00	3.038,99	415,00	1,421265	R$ 589,83 D
170	08/2008	R$ 415,00	3.038,99	415,00	1,413069	R$ 586,42 D
171	09/2008	R$ 415,00	3.038,99	415,00	1,410108	R$ 585,19 D

172	10/2008	R$ 415,00	3.038,99	415,00	1,407996	R$ 584,32 D
173	11/2008	R$ 415,00	3.038,99	415,00	1,400991	R$ 581,41 D
174	12/2008	R$ 415,00	3.038,99	415,00	1,395687	R$ 579,21 D
175	01/2009	R$ 415,00	3.038,99	415,00	1,391651	R$ 577,54 D
176	02/2009	R$ 465,00	3.218,90	465,00	1,382801	R$ 643,00 D
177	03/2009	R$ 465,00	3.218,90	465,00	1,378528	R$ 641,02 D
178	04/2009	R$ 465,00	3.218,90	465,00	1,375776	R$ 639,74 D
179	05/2009	R$ 465,00	3.218,90	465,00	1,368251	R$ 636,24 D
180	06/2009	R$ 465,00	3.218,90	465,00	1,360090	R$ 632,44 D
181	07/2009	R$ 465,00	3.218,90	465,00	1,354402	R$ 629,80 D
182	08/2009	R$ 465,00	3.218,90	465,00	1,351294	R$ 628,35 D
183	09/2009	R$ 465,00	3.218,90	465,00	1,350214	R$ 627,85 D
184	10/2009	R$ 465,00	3.218,90	465,00	1,348057	R$ 626,85 D
185	11/2009	R$ 465,00	3.218,90	465,00	1,344829	R$ 625,35 D

31/03/2022 10/19

> Cálculo da R.M.I. pela Lei 9.876/1999

Nome do Segurado: JOÃO SUPIMPA		Nº de Identificação do Trabalhador (NIT): 122.11216.55-4	
CPF: 000.111.222-33	Data de Nascimento: 19/04/1969	Sexo: Masculino	Nº do Benefício:
de Espécie de Benefício: 46 - Aposentadoria Especial		Nº do Processo:	
Índice Utilizado Para a Atualização dos Salários de Contribuição: Reajuste dos Salários de Contribuição		Inscrição no INSS: 02/01/1985	Início do Benefício (DIB): 12/12/2014

Nº	Data	Salários de Contribuição	Teto de Contribuição	Salários Considerado	**Índice de** Atualização	Salário Corrigido
186	12/2009	R$ 465,00	3.218,90	465,00	1,339872	R$ 623,04 D
187	01/2010	R$ 510,00	3.467,40	510,00	1,336664	R$ 681,70 D
188	02/2010	R$ 510,00	3.467,40	510,00	1,325004	R$ 675,75 D
189	03/2010	R$ 510,00	3.467,40	510,00	1,315793	R$ 671,05 D
190	04/2010	R$ 510,00	3.467,40	510,00	1,306517	R$ 666,32 D

191	05/2010	R$ 510,00	3.467,40	510,00	1,297048	R$ 661,49 D
192	06/2010	R$ 510,00	3.467,40	510,00	1,291495	R$ 658,66 D
193	07/2010	R$ 510,00	3.467,40	510,00	1,292917	R$ 659,39 D
194	08/2010	R$ 510,00	3.467,40	510,00	1,293823	R$ 659,85 D
195	09/2010	R$ 510,00	3.467,40	510,00	1,294729	R$ 660,31 D
196	10/2010	R$ 510,00	3.467,40	510,00	1,287775	R$ 656,77 D
197	11/2010	R$ 1.753,63	3.467,40	1.753,63	1,276036	R$ 2.237,70 D
198	12/2010	R$ 510,00	3.467,40	510,00	1,263027	R$ 644,14 D
199	01/2011	R$ 540,00	3.691,74	540,00	1,255494	R$ 677,97 D
200	02/2011	R$ 5.344,59	3.691,74	3.691,74	1,243802	R$ 4.591,79
201	03/2011	R$ 3.594,37	3.691,74	3.594,37	1,237121	R$ 4.446,67
202	04/2011	R$ 3.594,37	3.691,74	3.594,37	1,229010	R$ 4.417,52
203	05/2011	R$ 3.823,95	3.691,74	3.691,74	1,220224	R$ 4.504,75
204	06/2011	R$ 5.254,07	3.691,74	3.691,74	1,213308	R$ 4.479,22
205	07/2011	R$ 5.303,49	3.691,74	3.691,74	1,210645	R$ 4.469,39
206	08/2011	R$ 3.855,84	3.691,74	3.691,74	1,210645	R$ 4.469,39
207	09/2011	R$ 4.096,33	3.691,74	3.691,74	1,205582	R$ 4.450,70
208	10/2011	R$ 3.988,70	3.691,74	3.691,74	1,200181	R$ 4.430,76
209	11/2011	R$ 3.983,46	3.691,74	3.691,74	1,196352	R$ 4.416,62
210	12/2011	R$ 5.713,91	3.691,74	3.691,74	1,189572	R$ 4.391,59
211	01/2012	R$ 4.101,41	3.916,20	3.916,20	1,183536	R$ 4.634,96
212	02/2012	R$ 5.773,49	3.916,20	3.916,20	1,177530	R$ 4.611,45
213	03/2012	R$ 5.470,31	3.916,20	3.916,20	1,172956	R$ 4.593,53
214	04/2012	R$ 7.118,62	3.916,20	3.916,20	1,170848	R$ 4.585,28
215	05/2012	R$ 5.191,53	3.916,20	3.916,20	1,163403	R$ 4.556,12
216	06/2012	R$ 4.312,99	3.916,20	3.916,20	1,157039	R$ 4.531,20
217	07/2012	R$ 4.236,79	3.916,20	3.916,20	1,154038	R$ 4.519,45
218	08/2012	R$ 4.234,44	3.916,20	3.916,20	1,149097	R$ 4.500,10
219	09/2012	R$ 4.184,13	3.916,20	3.916,20	1,143949	R$ 4.479,94
220	10/2012	R$ 4.452,93	3.916,20	3.916,20	1,136788	R$ 4.451,89
221	11/2012	R$ 5.174,32	3.916,20	3.916,20	1,128773	R$ 4.420,50
222	12/2012	R$ 5.293,63	3.916,20	3.916,20	1,122711	R$ 4.396,76

31/03/2022 11/19

› Cálculo da R.M.I. pela Lei 9.876/1999			
Nome do Segurado: JOÃO SUPIMPA		Nº de Identificação do Trabalhador (NIT): 122.11216.55-4	
CPF: 000.111.222-33	Data de Nascimento: 19/04/1969	Sexo: Masculino	Nº do Benefício:
de Espécie de Benefício: 46 - Aposentadoria Especial		Nº do Processo:	
Índice Utilizado Para a Atualização dos Salários de Contribuição: Reajuste dos Salários de Contribuição		Inscrição no INSS: 02/01/1985	Início do Benefício (DIB): 12/12/2014

Nº	Data	Salários de Contribuição	Teto de Contribuição	Salários Considerado	**Índice de** Atualização	Salário Corrigido
223	01/2013	R$ 5.311,54	4.159,00	4.159,00	1,114464	R$ 4.635,06
224	02/2013	R$ 5.928,49	4.159,00	4.159,00	1,104304	R$ 4.592,80
225	03/2013	R$ 7.291,31	4.159,00	4.159,00	1,098591	R$ 4.569,04
226	04/2013	R$ 4.820,56	4.159,00	4.159,00	1,092039	R$ 4.541,79
227	05/2013	R$ 6.099,14	4.159,00	4.159,00	1,085634	R$ 4.515,15
228	06/2013	R$ 5.137,32	4.159,00	4.159,00	1,081847	R$ 4.499,41
229	07/2013	R$ 4.898,55	4.159,00	4.159,00	1,078827	R$ 4.486,84
230	08/2013	R$ 4.588,95	4.159,00	4.159,00	1,080231	R$ 4.492,68
231	09/2013	R$ 5.477,72	4.159,00	4.159,00	1,078505	R$ 4.485,51
232	10/2013	R$ 6.666,67	4.159,00	4.159,00	1,075601	R$ 4.473,43
233	11/2013	R$ 6.566,50	4.159,00	4.159,00	1,069080	R$ 4.446,31
234	12/2013	R$ 6.880,67	4.159,00	4.159,00	1,063338	R$ 4.422,42
235	01/2014	R$ 5.725,07	4.390,24	4.390,24	1,055737	R$ 4.634,94
236	02/2014	R$ 4.666,71	4.390,24	4.390,24	1,049127	R$ 4.605,92
237	03/2014	R$ 7.044,49	4.390,24	4.390,24	1,042455	R$ 4.576,63
238	04/2014	R$ 4.685,79	4.390,24	4.390,24	1,033977	R$ 4.539,41
239	05/2014	R$ 6.434,91	4.390,24	4.390,24	1,025974	R$ 4.504,28
240	06/2014	R$ 6.121,34	4.390,24	4.390,24	1,019855	R$ 4.477,41
241	07/2014	R$ 7.409,62	4.390,24	4.390,24	1,017210	R$ 4.465,80
242	08/2014	R$ 5.104,24	4.390,24	4.390,24	1,015890	R$ 4.460,00
243	09/2014	R$ 6.145,94	4.390,24	4.390,24	1,014064	R$ 4.451,99
244	10/2014	R$ 7.307,63	4.390,24	4.390,24	1,009120	R$ 4.430,28
245	11/2014	R$ 7.637,13	4.390,24	4.390,24	1,005300	R$ 4.413,51

Cálculo da R.M.I.: D Valor Desconsiderado

Nº de Parcelas no PBC: 245

Idade na DIB: 45,6462 anos

Tempo de Contribuição: 25.4385 anos

Salário de Benefício:	R$ 4.006,89		
Soma dos 196 Maiores Salários:	R$ 785.350,81	Coeficiente:	100,00 %
Média dos Salários Corrigidos:	R$ 4.006,89	Renda Mensal Inicial:	R$ 4.006,89

31/03/2022 12/19

› Relatório das Diferenças Não Recebidas

<table>
<tr><td colspan="2">Nome do Segurado:
JOÃO SUPIMPA</td><td colspan="2">Nº de Identificação do Trabalhador (NIT):
122.11216.55-4</td></tr>
<tr><td>CPF:
000.111.222-33</td><td>Data de Nascimento:
19/04/1969</td><td>Sexo:
Masculino</td><td>Nº do Benefício:</td></tr>
<tr><td colspan="2">de Espécie de Benefício:
46 - Aposentadoria Especial</td><td colspan="2">Nº do Processo:</td></tr>
</table>

Inscrição no INSS:	Início do Benefício (DIB):	Ajuizamento:	Data da Prescrição:	Data da Atualização:
02/01/1985	12/12/2014	14/09/2021	14/09/2016	14/09/2021

Parâmetros Para o Cálculo da Atualização:	Parâmetros Para o Cálculo dos Juros:
De 14/09/2016 a 14/09/2021 p/ (Pró-Rata no 1º mês e Pró-Rata no último mês)	

Data	Benefício Corrigido	Valor já recebido	Diferença	**Índice de** Atualização		Valor Atualizado	% Juros	Valor dos Juros	Total Atualizado
12/2014	R$ 4.006,89	0,00	0,00	0,000000	0,00	0,0000	0,00	0,00	
13º	R$ 333,90	0,00	0,00	0,000000	0,00	0,0000	0,00	0,00	
01/2015	R$ 4.031,73	0,00	0,00	0,000000	0,00	0,0000	0,00	0,00	
02/2015	R$ 4.031,73	0,00	0,00	0,000000	0,00	0,0000	0,00	0,00	
03/2015	R$ 4.031,73	0,00	0,00	0,000000	0,00	0,0000	0,00	0,00	
04/2015	R$ 4.031,73	0,00	0,00	0,000000	0,00	0,0000	0,00	0,00	
05/2015	R$ 4.031,73	0,00	0,00	0,000000	0,00	0,0000	0,00	0,00	
06/2015	R$ 4.031,73	0,00	0,00	0,000000	0,00	0,0000	0,00	0,00	
07/2015	R$ 4.031,73	0,00	0,00	0,000000	0,00	0,0000	0,00	0,00	
08/2015	R$ 4.031,73	0,00	0,00	0,000000	0,00	0,0000	0,00	0,00	
13º	R$ 2.015,86	0,00	0,00	0,000000	0,00	0,0000	0,00	0,00	
09/2015	R$ 4.031,73	0,00	0,00	0,000000	0,00	0,0000	0,00	0,00	
10/2015	R$ 4.031,73	0,00	0,00	0,000000	0,00	0,0000	0,00	0,00	
11/2015	R$ 4.031,73	0,00	0,00	0,000000	0,00	0,0000	0,00	0,00	
12/2015	R$ 4.031,73	0,00	0,00	0,000000	0,00	0,0000	0,00	0,00	
13º	R$ 2.015,86	0,00	0,00	0,000000	0,00	0,0000	0,00	0,00	
01/2016	R$ 4.486,50	0,00	0,00	0,000000	0,00	0,0000	0,00	0,00	
02/2016	R$ 4.486,50	0,00	0,00	0,000000	0,00	0,0000	0,00	0,00	
03/2016	R$ 4.486,50	0,00	0,00	0,000000	0,00	0,0000	0,00	0,00	
04/2016	R$ 4.486,50	0,00	0,00	0,000000	0,00	0,0000	0,00	0,00	
05/2016	R$ 4.486,50	0,00	0,00	0,000000	0,00	0,0000	0,00	0,00	
06/2016	R$ 4.486,50	0,00	0,00	0,000000	0,00	0,0000	0,00	0,00	
07/2016	R$ 4.486,50	0,00	0,00	0,000000	0,00	0,0000	0,00	0,00	
08/2016	R$ 4.486,50	0,00	0,00	0,000000	0,00	0,0000	0,00	0,00	
13º	R$ 2.243,25	0,00	0,00	0,000000	0,00	0,0000	0,00	0,00	
1 09/2016	R$ 2.542,35	0,00	2.542,35	1,000000		2.542,35	0,0000	0,00	2.542,35
10/2016	R$ 4.486,50	0,00	4.486,50	1,000000		4.486,50	0,0000	0,00	4.486,50
11/2016	R$ 4.486,50	0,00	4.486,50	1,000000		4.486,50	0,0000	0,00	4.486,50
12/2016	R$ 4.486,50	0,00	4.486,50	1,000000		4.486,50	0,0000	0,00	4.486,50
13º	R$ 2.243,25	0,00	2.243,25	1,000000		2.243,25	0,0000	0,00	2.243,25
01/2017	R$ 4.781,71	0,00	4.781,71	1,000000		4.781,71	0,0000	0,00	4.781,71
02/2017	R$ 4.781,71	0,00	4.781,71	1,000000		4.781,71	0,0000	0,00	4.781,71
03/2017	R$ 4.781,71	0,00	4.781,71	1,000000		4.781,71	0,0000	0,00	4.781,71

31/03/2022 13/19

<table>
<tr><td colspan="5">› Relatório das Diferenças Não Recebidas</td></tr>
<tr><td colspan="2">Nome do Segurado:
JOÃO SUPIMPA</td><td colspan="3">Nº de Identificação do Trabalhador (NIT):
122.11216.55-4</td></tr>
<tr><td>CPF:
000.111.222-33</td><td>Data de Nascimento:
19/04/1969</td><td>Sexo:
Masculino</td><td colspan="2">Nº do Benefício:</td></tr>
<tr><td colspan="2">de Espécie de Benefício:
46 - Aposentadoria Especial</td><td colspan="3">Nº do Processo:</td></tr>
<tr><td>Inscrição no INSS:
02/01/1985</td><td>Início do Benefício (DIB):
12/12/2014</td><td>Ajuizamento:
14/09/2021</td><td>Data da Prescrição:
14/09/2016</td><td>Data da Atualização:
14/09/2021</td></tr>
</table>

Data	Benefício Corrigido	Valor já recebido	Diferença	Índice de Atualização	Valor Atualizado	% Juros	Valor dos Juros	Total Atualizado
04/2017	R$ 4.781,71	0,00	4.781,71	1,000000	4.781,71	0,0000	0,00	4.781,71
05/2017	R$ 4.781,71	0,00	4.781,71	1,000000	4.781,71	0,0000	0,00	4.781,71
06/2017	R$ 4.781,71	0,00	4.781,71	1,000000	4.781,71	0,0000	0,00	4.781,71
07/2017	R$ 4.781,71	0,00	4.781,71	1,000000	4.781,71	0,0000	0,00	4.781,71
08/2017	R$ 4.781,71	0,00	4.781,71	1,000000	4.781,71	0,0000	0,00	4.781,71
13º	R$ 2.390,85	0,00	2.390,85	1,000000	2.390,85	0,0000	0,00	2.390,85
09/2017	R$ 4.781,71	0,00	4.781,71	1,000000	4.781,71	0,0000	0,00	4.781,71
10/2017	R$ 4.781,71	0,00	4.781,71	1,000000	4.781,71	0,0000	0,00	4.781,71
11/2017	R$ 4.781,71	0,00	4.781,71	1,000000	4.781,71	0,0000	0,00	4.781,71
12/2017	R$ 4.781,71	0,00	4.781,71	1,000000	4.781,71	0,0000	0,00	4.781,71
13º	R$ 2.390,85	0,00	2.390,85	1,000000	2.390,85	0,0000	0,00	2.390,85
01/2018	R$ 4.880,69	0,00	4.880,69	1,000000	4.880,69	0,0000	0,00	4.880,69
02/2018	R$ 4.880,69	0,00	4.880,69	1,000000	4.880,69	0,0000	0,00	4.880,69
03/2018	R$ 4.880,69	0,00	4.880,69	1,000000	4.880,69	0,0000	0,00	4.880,69
04/2018	R$ 4.880,69	0,00	4.880,69	1,000000	4.880,69	0,0000	0,00	4.880,69
05/2018	R$ 4.880,69	0,00	4.880,69	1,000000	4.880,69	0,0000	0,00	4.880,69
06/2018	R$ 4.880,69	0,00	4.880,69	1,000000	4.880,69	0,0000	0,00	4.880,69
07/2018	R$ 4.880,69	0,00	4.880,69	1,000000	4.880,69	0,0000	0,00	4.880,69
08/2018	R$ 4.880,69	0,00	4.880,69	1,000000	4.880,69	0,0000	0,00	4.880,69
13º	R$ 2.440,34	0,00	2.440,34	1,000000	2.440,34	0,0000	0,00	2.440,34
09/2018	R$ 4.880,69	0,00	4.880,69	1,000000	4.880,69	0,0000	0,00	4.880,69
10/2018	R$ 4.880,69	0,00	4.880,69	1,000000	4.880,69	0,0000	0,00	4.880,69
11/2018	R$ 4.880,69	0,00	4.880,69	1,000000	4.880,69	0,0000	0,00	4.880,69
12/2018	R$ 4.880,69	0,00	4.880,69	1,000000	4.880,69	0,0000	0,00	4.880,69
13º	R$ 2.440,34	0,00	2.440,34	1,000000	2.440,34	0,0000	0,00	2.440,34
01/2019	R$ 5.048,09	0,00	5.048,09	1,000000	5.048,09	0,0000	0,00	5.048,09
02/2019	R$ 5.048,09	0,00	5.048,09	1,000000	5.048,09	0,0000	0,00	5.048,09
03/2019	R$ 5.048,09	0,00	5.048,09	1,000000	5.048,09	0,0000	0,00	5.048,09

04/2019	R$ 5.048,09	0,00	5.048,09	1,000000	5.048,09	0,0000	0,00	5.048,09
05/2019	R$ 5.048,09	0,00	5.048,09	1,000000	5.048,09	0,0000	0,00	5.048,09
06/2019	R$ 5.048,09	0,00	5.048,09	1,000000	5.048,09	0,0000	0,00	5.048,09
07/2019	R$ 5.048,09	0,00	5.048,09	1,000000	5.048,09	0,0000	0,00	5.048,09
08/2019	R$ 5.048,09	0,00	5.048,09	1,000000	5.048,09	0,0000	0,00	5.048,09
13º	R$ 2.524,04	0,00	2.524,04	1,000000	2.524,04	0,0000	0,00	2.524,04
09/2019	R$ 5.048,09	0,00	5.048,09	1,000000	5.048,09	0,0000	0,00	5.048,09
10/2019	R$ 5.048,09	0,00	5.048,09	1,000000	5.048,09	0,0000	0,00	5.048,09
11/2019	R$ 5.048,09	0,00	5.048,09	1,000000	5.048,09	0,0000	0,00	5.048,09

31/03/2022 14/19

› Relatório das Diferenças Não Recebidas

Nome do Segurado: JOÃO SUPIMPA		Nº de Identificação do Trabalhador (NIT): 122.11216.55-4	
CPF: 000.111.222-33	Data de Nascimento: 19/04/1969	Sexo: Masculino	Nº do Benefício:
de Espécie de Benefício: 46 - Aposentadoria Especial		Nº do Processo:	

Inscrição no INSS: 02/01/1985	Início do Benefício (DIB): 12/12/2014	Ajuizamento: 14/09/2021	Data da Prescrição: 14/09/2016	Data da Atualização: 14/09/2021

Data	Benefício Corrigido	Valor já recebido	Diferença	**Índice de** Atualização	Valor Atualizado	% Juros	Valor dos Juros	Total Atualizado
12/2019	R$ 5.048,09	0,00	5.048,09	1,000000	5.048,09	0,0000	0,00	5.048,09
13º	R$ 2.524,04	0,00	2.524,04	1,000000	2.524,04	0,0000	0,00	2.524,04
01/2020	R$ 5.274,24	0,00	5.274,24	1,000000	5.274,24	0,0000	0,00	5.274,24
02/2020	R$ 5.274,24	0,0	5.274,24	1,000000	5.274,24	0,0000	0,00	5.274,24
03/2020	R$ 5.274,24	0,00	5.274,24	1,000000	5.274,24	0,0000	0,00	5.274,24
04/2020	R$ 5.274,24	0,00	5.274,24	1,000000	5.274,24	0,0000	0,00	5.274,24
13º	R$ 2.637,12	0,00	2.637,12	1,000000	2.637,12	0,0000	0,00	2.637,12
05/2020	R$ 5.274,24	0,00	5.274,24	1,000000	5.274,24	0,0000	0,00	5.274,24
13º	R$ 2.637,12	0,00	2.637,12	1,000000	2.637,12	0,0000	0,00	2.637,12
06/2020	R$ 5.274,24	0,00	5.274,24	1,000000	5.274,24	0,0000	0,00	5.274,24
07/2020	R$ 5.274,24	0,00	5.274,24	1,000000	5.274,24	0,0000	0,00	5.274,24
08/2020	R$ 5.274,24	0,00	5.274,24	1,000000	5.274,24	0,0000	0,00	5.274,24
09/2020	R$ 5.274,24	0,00	5.274,24	1,000000	5.274,24	0,0000	0,00	5.274,24
10/2020	R$ 5.274,24	0,00	5.274,24	1,000000	5.274,24	0,0000	0,00	5.274,24
11/2020	R$ 5.274,24	0,00	5.274,24	1,000000	5.274,24	0,0000	0,00	5.274,24

12/2020	R$ 5.274,24	0,00	5.274,24	1,000000	5.274,24	0,0000	0,00	5.274,24
01/2021	R$ 5.561,68	0,00	5.561,68	1,000000	5.561,68	0,0000	0,00	5.561,68
02/2021	R$ 5.561,68	0,00	5.561,68	1,000000	5.561,68	0,0000	0,00	5.561,68
03/2021	R$ 5.561,68	0,00	5.561,68	1,000000	5.561,68	0,0000	0,00	5.561,68
04/2021	R$ 5.561,68	0,00	5.561,68	1,000000	5.561,68	0,0000	0,00	5.561,68
05/2021	R$ 5.561,68	0,00	5.561,68	1,000000	5.561,68	0,0000	0,00	5.561,68
13º	R$ 2.780,84	0,00	2.780,84	1,000000	2.780,84	0,0000	0,00	2.780,84
06/2021	R$ 5.561,68	0,00	5.561,68	1,000000	5.561,68	0,0000	0,00	5.561,68
13º	R$ 2.780,84	0,00	2.780,84	1,000000	2.780,84	0,0000	0,00	2.780,84
07/2021	R$ 5.561,68	0,00	5.561,68	1,000000	5.561,68	0,0000	0,00	5.561,68
08/2021	R$ 5.561,68	0,00	5.561,68	1,000000	5.561,68	0,0000	0,00	5.561,68
09/2021	R$ 5.561,68	0,00	5.561,68	1,000000	5.561,68	0,0000	0,00	5.561,68

31/03/2022 15/19

› Relatório das Diferenças Não Recebidas

Nome do Segurado: JOÃO SUPIMPA		Nº de Identificação do Trabalhador (NIT): 122.11216.55-4	
CPF: 000.111.222-33	Data de Nascimento: 19/04/1969	Sexo: Masculino	Nº do Benefício:
de Espécie de Benefício: 46 - Aposentadoria Especial		Nº do Processo:	

Inscrição no INSS:	Início do Benefício (DIB):	Ajuizamento:	Data da Prescrição:	Data da Atualização:
02/01/1985	12/12/2014	14/09/2021	14/09/2016	14/09/2021

Data	Benefício Corrigido	Valor já recebido	Diferença	**Índice de** Atualização	Valor Atualizado	% Juros	Valor dos Juros	Total Atualizado
Nova R.M.A.:	5.561,68	0,00	333.663,36		333.663,36		0,00	333.663,36

(Renda Mensal Corrigida Até 14/09/2021)	Honorários:	0,00
	Multa:	0,00
	Total Geral:	333.663,36

1 - Valor do benefício calculado pró-rata na data da prescrição (proporcional ao número de dias até o final do mês)

Nº de meses com diferenças: 69

Informações para imposto de renda:
Anos base anteriores: R$ 278.046,56 (58 meses)
Ano base atual (2021): R$ 55.616,80 (11 meses)
Total: R$ 333.663,36 (69 meses)

Fábio Rogério Barboza Santos e Aristeu de Oliveira

31/03/2022 16/19

> Relatório da Evolução da R.M.I.

Nome do Segurado: JOÃO SUPIMPA		Nº de Identificação do Trabalhador (NIT): 122.11216.55-4	
CPF: 000.111.222-33	Data de Nascimento: 19/04/1969	Sexo: Masculino	Nº do Benefício:
Espécie do Benefício: 46 - Aposentadoria Especial	Início do Benefício (DIB): 12/12/2014		Data da Atualização: 14/09/2021

Data	Valor do Benefício	Correção (%)	Reajuste Teto (%)	Teto do Benefício	Benefício Considerado
12/2014	R$ 4.006,89			4.390,24	R$ 4.006,89
01/2015	R$ 4.006,89	0,620000		4.663,75	R$ 4.031,73
02/2015	R$ 4.031,73			4.663,75	R$ 4.031,73
03/2015	R$ 4.031,73			4.663,75	R$ 4.031,73
04/2015	R$ 4.031,73			4.663,75	R$ 4.031,73
05/2015	R$ 4.031,73			4.663,75	R$ 4.031,73
06/2015	R$ 4.031,73			4.663,75	R$ 4.031,73
07/2015	R$ 4.031,73			4.663,75	R$ 4.031,73
08/2015	R$ 4.031,73			4.663,75	R$ 4.031,73
09/2015	R$ 4.031,73			4.663,75	R$ 4.031,73
10/2015	R$ 4.031,73			4.663,75	R$ 4.031,73
11/2015	R$ 4.031,73			4.663,75	R$ 4.031,73
12/2015	R$ 4.031,73			4.663,75	R$ 4.031,73
01/2016	R$ 4.031,73	11,280000		5.189,82	R$ 4.486,50
02/2016	R$ 4.486,50			5.189,82	R$ 4.486,50

03/2016	R$ 4.486,50			5.189,82	R$ 4.486,50
04/2016	R$ 4.486,50			5.189,82	R$ 4.486,50
05/2016	R$ 4.486,50			5.189,82	R$ 4.486,50
06/2016	R$ 4.486,50			5.189,82	R$ 4.486,50
07/2016	R$ 4.486,50			5.189,82	R$ 4.486,50
08/2016	R$ 4.486,50			5.189,82	R$ 4.486,50
1 09/2016	R$ 4.486,50			5.189,82	R$ 2.542,35
10/2016	R$ 4.486,50			5.189,82	R$ 4.486,50
11/2016	R$ 4.486,50			5.189,82	R$ 4.486,50
12/2016	R$ 4.486,50			5.189,82	R$ 4.486,50
01/2017	R$ 4.486,50	6,580000		5.531,31	R$ 4.781,71
02/2017	R$ 4.781,71			5.531,31	R$ 4.781,71
03/2017	R$ 4.781,71			5.531,31	R$ 4.781,71
04/2017	R$ 4.781,71			5.531,31	R$ 4.781,71
05/2017	R$ 4.781,71			5.531,31	R$ 4.781,71
06/2017	R$ 4.781,71			5.531,31	R$ 4.781,71
07/2017	R$ 4.781,71			5.531,31	R$ 4.781,71
08/2017	R$ 4.781,71			5.531,31	R$ 4.781,71
09/2017	R$ 4.781,71			5.531,31	R$ 4.781,71
10/2017	R$ 4.781,71			5.531,31	R$ 4.781,71
11/2017	R$ 4.781,71			5.531,31	R$ 4.781,71
12/2017	R$ 4.781,71			5.531,31	R$ 4.781,71
01/2018	R$ 4.781,71	2,070000		5.645,80	R$ 4.880,69
02/2018	R$ 4.880,69			5.645,80	R$ 4.880,69

31/03/2022 17/19

<table>
<tr><td colspan="4">> Relatório da Evolução da R.M.I.</td></tr>
<tr><td colspan="2">Nome do Segurado:
JOÃO SUPIMPA</td><td colspan="2">Nº de Identificação do Trabalhador (NIT):
122.11216.55-4</td></tr>
<tr><td>CPF:
000.111.222-33</td><td>Data de Nascimento:
19/04/1969</td><td>Sexo:
Masculino</td><td>Nº do Benefício:</td></tr>
<tr><td colspan="2">Espécie do Benefício:
46 - Aposentadoria Especial</td><td>Início do Benefício (DIB):
12/12/2014</td><td>Data da Atualização:
14/09/2021</td></tr>
</table>

Data	Valor do Benefício	Correção (%)	Reajuste Teto (%)	Teto do Benefício	Benefício Considerado
03/2018	R$ 4.880,69			5.645,80	R$ 4.880,69
04/2018	R$ 4.880,69			5.645,80	R$ 4.880,69
05/2018	R$ 4.880,69			5.645,80	R$ 4.880,69
06/2018	R$ 4.880,69			5.645,80	R$ 4.880,69
07/2018	R$ 4.880,69			5.645,80	R$ 4.880,69
08/2018	R$ 4.880,69			5.645,80	R$ 4.880,69
09/2018	R$ 4.880,69			5.645,80	R$ 4.880,69
10/2018	R$ 4.880,69			5.645,80	R$ 4.880,69
11/2018	R$ 4.880,69			5.645,80	R$ 4.880,69
12/2018	R$ 4.880,69			5.645,80	R$ 4.880,69
01/2019	R$ 4.880,69	3,430000		5.839,45	R$ 5.048,09
02/2019	R$ 5.048,09			5.839,45	R$ 5.048,09
03/2019	R$ 5.048,09			5.839,45	R$ 5.048,09
04/2019	R$ 5.048,09			5.839,45	R$ 5.048,09
05/2019	R$ 5.048,09			5.839,45	R$ 5.048,09
06/2019	R$ 5.048,09			5.839,45	R$ 5.048,09
07/2019	R$ 5.048,09			5.839,45	R$ 5.048,09
08/2019	R$ 5.048,09			5.839,45	R$ 5.048,09
09/2019	R$ 5.048,09			5.839,45	R$ 5.048,09
10/2019	R$ 5.048,09			5.839,45	R$ 5.048,09
11/2019	R$ 5.048,09			5.839,45	R$ 5.048,09
12/2019	R$ 5.048,09			5.839,45	R$ 5.048,09
01/2020	R$ 5.048,09	4,480000		6.101,06	R$ 5.274,24
02/2020	R$ 5.274,24			6.101,06	R$ 5.274,24
03/2020	R$ 5.274,24			6.101,06	R$ 5.274,24

04/2020	R$ 5.274,24			6.101,06	R$ 5.274,24
05/2020	R$ 5.274,24			6.101,06	R$ 5.274,24
06/2020	R$ 5.274,24			6.101,06	R$ 5.274,24
07/2020	R$ 5.274,24			6.101,06	R$ 5.274,24
08/2020	R$ 5.274,24			6.101,06	R$ 5.274,24
09/2020	R$ 5.274,24			6.101,06	R$ 5.274,24
10/2020	R$ 5.274,24			6.101,06	R$ 5.274,24
11/2020	R$ 5.274,24			6.101,06	R$ 5.274,24
12/2020	R$ 5.274,24			6.101,06	R$ 5.274,24
01/2021	R$ 5.274,24	5,450000		6.433,57	R$ 5.561,68
02/2021	R$ 5.561,68			6.433,57	R$ 5.561,68
03/2021	R$ 5.561,68			6.433,57	R$ 5.561,68
04/2021	R$ 5.561,68			6.433,57	R$ 5.561,68
05/2021	R$ 5.561,68			6.433,57	R$ 5.561,68

31/03/2022 18/19

> Relatório da Evolução da R.M.I.

Nome do Segurado: JOÃO SUPIMPA			Nº de Identificação do Trabalhador (NIT): 122.11216.55-4	
CPF: 000.111.222-33	Data de Nascimento: 19/04/1969		Sexo: Masculino	Nº do Benefício:
Espécie do Benefício: 46 - Aposentadoria Especial		Início do Benefício (DIB): 12/12/2014		Data da Atualização: 14/09/2021

Data	Valor do Benefício	Correção (%)	Reajuste Teto (%)	Teto do Benefício	Benefício Considerado
06/2021	R$ 5.561,68			6.433,57	R$ 5.561,68
07/2021	R$ 5.561,68			6.433,57	R$ 5.561,68
08/2021	R$ 5.561,68			6.433,57	R$ 5.561,68
09/2021	R$ 5.561,68			6.433,57	R$ 5.561,68

Nova R.M.A.: 5.561,68 (Salário de Benefício Corrigido)

1 - Valor do benefício calculado pró-rata na data da prescrição (proporcional ao número de dias até o final do mês)

31/03/2022 19/19

13

13.1. TABELA DO INSS PARA 2024 E IRRF A PARTIR DE FEVEREIRO 2024 COM EXEMPLOS PRÁTICOS

Os descontos são aplicados em folha de pagamento e computados no valor da guia de INSS da empresa. A empresa poderá descontar o valor máximo de INSS considerando o teto estabelecido em tabela vigente.

Conforme Portaria Interministerial do MPS/MF nº 2, de 11/1/2024, como vemos a seguir:

TABELA DE CONTRIBUIÇÃO DOS SEGURADOS EMPREGADO, EMPREGADO DOMÉSTICO E TRABALHADOR AVULSO, PARA PAGAMENTO DE REMUNERAÇÃO A PARTIR DE 1O DE JANEIRO DE 2024 - RGPS até a faixa 4

A partir de 1º de janeiro de 2024, tiveram um reajuste em 3,71% (três inteiros e setenta e um décimos por cento), a seguir:

ANEXO II

TABELA DE CONTRIBUIÇÃO DOS SEGURADOS EMPREGADO, EMPREGADO DOMÉSTICO E TRABALHADOR AVULSO, PARA PAGAMENTO DE REMUNERAÇÃO A PARTIR DE 1º DE JANEIRO DE 2024

SALÁRIO-DE-CONTRIBUIÇÃO (R$)	ALÍQUOTA PROGRESSIVA PARA FINS DE RECOLHIMENTO AO INSS
até 1.412,00	7,5%
de 1.412,01 até 2.666,68	9%
de 2.666,69 até 4.000,03	12 %
de 4.000,04 até 7.786,02	14%

13.1.1. Tabela de alíquota do INSS a partir de 1º/1/2024 (Simplificada)

Faixa	Base de cálculo (R$)	Alíquota (%)	Valor a descontar e somar a partir da faixa 2
1	Até 1.412,00 x 7,5% = 105,90	7,5%	105,90
2	2.666,68 – 1.412,01 = 1.254,67 X 9% = 112,92 + 105,90 = 218,82	9%	218,82
3	4.000,03 – 2.666,69 = 1.333,34 X 12% = 160,00 + 218,82 = 378,82	12%	378,82
4	7.786,02 – 4.000,04 = 3.785,98 X 14% = 530,04 + 378,82 = 908,86	14%	908,86

> **RESUMINDO:** Ver em que faixa está o valor de contribuição, deduzir o valor máximo da faixa anterior e multiplicar pelo % da faixa em que está. Somar-se-ão o valor total das faixas anteriores. O resultado é a alíquota do segurado. Verificar se o RPPS vem descontando sobre sua alíquota determinada por Lei.

> **Obs.** Valor a deduzir por dependente para cálculo do IRRF: R$ 189,59

> **Nota:** simplificação elaborada pelo autor.

ANEXO III

TABELA DE CONTRIBUIÇÃO DOS SEGURADOS E BENEFICIÁRIOS DO REGIME PRÓPRIO DE PREVIDÊNCIA SOCIAL DA UNIÃO A PARTIR DE 1º DE JANEIRO DE 2024

BASE DE CONTRIBUIÇÃO (R$) ALÍQUOTA PROGRESSIVA INCIDINDO SOBRE A FAIXA DE VALORES	
até 1.412,00	7,5%
de 1.412,01 até 2.666,68	9%
de 2.666,69 até 4.000,03	12%
de 4.000,04 até 7.786,02	14%
de 7.786,03 até 13.333,48	14,5%
de 13.333,49 até 26.666,94	16,5%
de 26.666,95 até 52.000,54	19%
acima de 52.000,54	22%

13.1.2. Tabela de alíquota do INSS a partir de 1º/1/2024 (simplificada)

ANEXO III (SIMPLIFICADO)

Faixas	Base de cálculo (R$)	Alíquota (%)	Valor a descontar e somar a partir da faixa 2
1	**Até 1.412,00** x **7,5% = 105,90**	7,5%	105,90
2	2.666,68 – 1.412,01 = 1.254,67 X 9% = 112,92 + 105,90 = **218,82**	9%	218,82
3	4.000,03 – 2.666,69 = 1.333,34 X 12% = 160,00 + 218,82 = **378,82**	12%	378,82
4	**7.786,02 – 4.000,04 = 3.785,98 X 14% = 530,04 + 378,82 = 908,86**	14%	908,86
5	13.333,48 – 7.786,03 = 5.547,45 x 14,5% = 804,38 + 908,86 = **1.713,24**	14,5%	1.713,24
6	26.666,94 – 13.333,49 = 13,333,45 x 16,5% = 2.200,02 + 1.713,24 = **3.913,26**	16,5%	3.913,26
7	52.000,54 – 26.666,95 = 25.333,59 x 19% = 4.813,38 + 3.913,26 = **8.726,64**	19%	8.726,64
8	Acima de 52.000,54 = 52.000,55 - 52.000,54 = 0,01 x 22% = 0,0022 + 8.724,64 = **8.726,64**	22%	8.726,64

> **RESUMINDO:** Ver em que faixa está o valor de contribuição, deduzir o valor máximo da faixa anterior e multiplicar pelo % da faixa em que está. Somar-se-ão o valor total das faixas anteriores. O resultado é a alíquota do segurado. Verificar se o RPPS vem descontando sobre sua alíquota determinada por Lei.

> **Obs.** Valor a deduzir por dependente para cálculo do IRRF: R$ 189,59

> **Nota: simplificação elaborada pelos autores.**

13.2. TABELA DO INSS PARA 2024 COM EXEMPLOS PRÁTICOS – MAR/2024

a) Servidor Público que recebe R$ 55.000,00 por mês

Servidor que ganha R$ 55.000,00 por mês.

Vamos calcular seu desconto de INSS e IRRF:

INSS = R$ 55.000,00 – 52.000,55 = 2.999,45 x 22% = 659,88 + 8.726,64 = **9.386,52**

IRRF = R$ 55.000,00 – 9.386,52 (INSS) = 45.613,48 x 27,5% = 12.543,71 - 896,00 = **11.647,71**

Líquido a receber: R$ 55.000,00 – 9.386,52 (INSS) – 11.647,71 = **R$ 33.965,77**

Pagará só de INSS e IRRF = **R$ 21.034,23 (corresponde + ou – 38,24%)**

13.2.1. Tabela do IRRF a partir de fev/2024

Tabela do IRRF – LEI Nº 14.848, DE 1º DE MAIO DE 2024 – DOU de 1º/5/2024. Edição Extra, que revogou a Medida Provisória nº 1.206, de 6/2/2024.

Tabela Progressiva Mensal		
Base de Cálculo (RS)	Alíquota (%)	Parcela a Deduzir do IR (R$)
Até 2.259,20	zero	zero
De 2.259,21 até 2.826,65	7,5	169,44
De 2.826,66 até 3.751,05	15	381,44
De 3.751,06 até 4.664,68	22,5	662,77
Acima de 4.664,68	27,5	896,00

> **Obs.** Valor a deduzir por dependente: R$ 189,59, para 2024 cálculo do IRRF Dispensa de retenção de valor igual ou inferior a R$ 10,00. Salário-família por filho ou equiparado de qualquer condição, até 14 (quatorze) anos de idade, ou inválido de qualquer idade, a partir de 1o de janeiro de 2024, é 'de R$ 62,04 (sessenta e dois reais e quatro centavos) para o segurado com remuneração mensal não superior a R$ 1.819,26 (um mil e oitocentos e dezenove reais e vinte e seis centavos). Portaria Interministerial MPS/MF no 2, de 11/1/2024 - DOU de 12/1/2024, | Edição: 9 | Seção: 1 | Página 44 |

13.3. EXEMPLOS PRÁTICOS – 1 EMPREGADO "A" E 1 SERVIDOR "B" DE FEV/2024

Empregado "A"

Ganha R$ 5.800,00 por mês. Descontar INSS e IRRF

INSS = R$ 5.800,00 – 4.000,04 = 1.799,96 x 14% = 251,99 + 378,82 = **630,81.**

IRRF = R$ 5.800,00 – 630,81 = 5.169,19 x 27,5% = 1.421,53 – 896,00 = R$ **525,53**

Líquido a receber: R$ 5.800,00 – 630,81 (INSS) – 525,53 (IRRF) = **R$ 4.643,66**

Pagará só de INSS e IRRF = **R$ 1.156,34 (corresponde +ou-19,94%).**

Servidor "B"

Ganha R$ 39.000,00 por mês c/ 1 dependente. Descontar INSS e IRRF

INSS = R$ 39.000,00 – 26.666,95 = 12.333,05 x 19% = 2.343,28 + 3.913,26 = **R$ 6.256,54**

IRRF = R$ 39.000,00 – 6.256,54 (INSS) – 189,59 (1 dep.) = 32.553,87 x 27,5% = 8.952,31 – 896,00 = R$ **8.056,31**

Líquido a receber: R$ 39.000,00 – 6.256,54 (INSS) – R$ 8.056,31 (IRRF) = **R$ 24.687,15**

Pagará só de INSS e IRRF = **R$ 14.312,85 (corresponde +ou-36,70%).**

13.4. FUNDAMENTAÇÃO LEGAL DAS NOVAS TABELAS

Nova Tabela do IRRF – A Vigorar a Partir de Fevereiro de 2024

LEI Nº 14.848, DE 1º DE MAIO DE 2024

Altera os valores da tabela progressiva mensal do Imposto sobre a Renda da Pessoa Física de que trata o art. 1º da Lei nº 11.482, de 31 de maio de 2007; e revoga a Medida Provisória nº 1.206, de 6 de fevereiro de 2024.

O PRESIDENTE DA REPÚBLICA Faço saber que o Congresso Nacional decreta e eu sanciono a seguinte Lei:

Art. 1º O art. 1º da Lei nº 11.482, de 31 de maio de 2007, passa a vigorar com as seguintes alterações:

"Art. 1º ....

....

X - a partir do mês de maio do ano-calendário de 2023 até o mês de janeiro do ano-calendário de 2024:

....

XI - a partir do mês de fevereiro do ano-calendário de 2024:

Tabela Progressiva Mensal

Base de Cálculo (R$)	Alíquota (%)	Parcela a Deduzir do IR (R$)
Até 2.259,20	0	0
De 2.259,21 até 2.826,65	7,5	169,44
De 2.826,66 até 3.751,05	15	381,44
De 3.751,06 até 4.664,68	22,5	662,77
Acima de 4.664,68	27,5	896,00

" (NR)

Art. 2º Fica revogada a Medida Provisória nº 1.206, de 6 de fevereiro de 2024.

Art. 3º Esta Lei entra em vigor na data de sua publicação.

Brasília, 1º de maio de 2024; 203º da Independência e 136º da República.

LUIZ INÁCIO LULA DA SILVA – DOU de 1º.5.2024 - Edição extra.

Salário-Mínimo para 2024

DIÁRIO OFICIAL DA UNIÃO

Publicado em: 27/12/2023 | Edição: 245-D | Seção: 1 - Extra D | Página: 1

Órgão: Atos do Poder Executivo

DECRETO Nº 11.864, DE 27 DE DEZEMBRO DE 2023

Dispõe sobre o valor do salário-mínimo a vigorar a partir de 1º de janeiro de 2024.

O PRESIDENTE DA REPÚBLICA, no uso da atribuição que lhe confere o art. 84, **caput**, inciso IV, da Constituição, e tendo em vista o disposto na Lei nº 14.663, de 28 de agosto de 2023,

DECRETA:

Art. 1º A partir de 1º de janeiro de 2024, o valor do salário-mínimo será de R$ 1.412,00 (mil quatrocentos e doze reais).

Parágrafo único. Em decorrência do disposto no **caput**, o valor diário do salário-mínimo corresponderá a R$ 47,07 (quarenta e sete reais e sete centavos) e o valor horário, a R$ 6,42 (seis reais e quarenta e dois centavos).

Art. 2º Este Decreto entra em vigor em 1º de janeiro de 2024.

Brasília, 27 de dezembro de 2023; 202º da Independência e 135º da República.

LUIZ INÁCIO LULA DA SILVA

Fernando Haddad

Gustavo José de Guimarães e Souza

Carlos Roberto Lupi

Luiz Marinho

Presidente da República Federativa do Brasil

Este conteúdo não substitui o publicado na versão certificada.

Portaria Interministerial MPS/MF/2024

PORTARIA INTERMINISTERIAL MPS/MF Nº 2, DE 11 DE JANEIRO DE 2024

DOU 12/01/2024 | Edição: 9 | Seção: 1 | Página: 44

Dispõe sobre o reajuste dos benefícios pagos pelo Instituto Nacional do Seguro Social - INSS e demais valores constantes do Regulamento da Previdência Social - RPS e dos valores previstos nos incisos II a VIII do § 1º do art. 11 da Emenda Constitucional nº 103, de 12 de novembro de 2019, que trata da aplicação das alíquotas da contribuição previdenciária prevista nos arts. 4º, 5º e 6º da Lei nº 10.887, de 18 de junho de 2004. (Processo nº 10128.119242/2023-98).

OS MINISTROS DE ESTADO DA PREVIDÊNCIA SOCIAL E DA FAZENDA, no uso da atribuição que lhes confere o inciso II do parágrafo único do art. 87 da Constituição, e tendo em vista o disposto na Emenda Constitucional nº 20, de 15 de dezembro de 1998; na Emenda Constitucional nº 41, de 19 de dezembro de 2003; na Emenda Constitucional nº 103, de 12 de novembro de 2019; na Lei nº 8.212, de 24 de julho de 1991; no art. 41-A da Lei nº 8.213, de 24 de julho de 1991; na Lei nº 14.663, de 28 de agosto de 2023; no Decreto nº 11.864, de 27 de dezembro de 2023; e no Regulamento da Previdência Social - RPS, aprovado pelo Decreto nº 3.048, de 6 de maio de 1999, resolvem:

Art. 1º Os benefícios pagos pelo Instituto Nacional do Seguro Social - INSS serão reajustados, a partir de 1º de janeiro de 2024, em 3,71% (três inteiros e setenta e um décimos por cento).

§1º Os benefícios a que se refere o caput, com data de início a partir de 1º de janeiro de 2023, serão reajustados de acordo com os percentuais indicados no Anexo I desta Portaria.

§2º Aplica-se o disposto neste artigo às pensões especiais pagas às vítimas da síndrome da talidomida, às pessoas atingidas pela hanseníase de que trata a Lei nº 11.520, de 18 de setembro de 2007, e ao auxílio especial mensal de que trata o inciso II do art. 37 da Lei nº 12.663, de 5 de junho de 2012.

Art. 2º A partir de 1º de janeiro de 2024, o salário de benefício e o salário de contribuição não poderão ser inferiores a R$ 1.412,00 (um mil quatrocentos e doze reais), nem superiores a R$ 7.786,02 (sete mil setecentos e oitenta e seis reais e dois centavos).

Art. 3º A partir de 1º de janeiro de 2024:

I - não terão valores inferiores a R$ 1.412,00 (um mil quatrocentos e doze reais), os benefícios de:

a) prestação continuada pagos pelo INSS correspondentes a aposentadorias, auxílio por incapacidade temporária e pensão por morte (valor global);

b) aposentadorias dos aeronautas, concedidas com base na Lei nº 3.501, de 21 de dezembro de 1958; e

c) pensão especial paga às vítimas da síndrome da talidomida.

II - os valores dos benefícios concedidos ao pescador, ao mestre de rede e ao patrão de pesca com as vantagens da Lei nº 1.756, de 5 de dezembro de 1952, deverão corresponder, respectivamente, a 1 (uma), 2 (duas) e 3 (três) vezes o valor de R$ 1.412,00 (um mil quatrocentos e doze reais), acrescidos de 20% (vinte por cento);

III - o benefício devido aos seringueiros e seus dependentes, concedido com base na Lei nº 7.986, de 28 de dezembro de 1989, terá valor igual a R$ 2.824,00 (dois mil oitocentos e vinte e quatro reais);

IV - é de R$ 1.412,00 (um mil quatrocentos e doze reais), o valor dos seguintes benefícios assistenciais pagos pelo INSS:

a) pensão especial paga aos dependentes das vítimas de hemodiálise da cidade de Caruaru no Estado de Pernambuco;

b) amparo social ao idoso e à pessoa com deficiência; e

c) renda mensal vitalícia.

Art. 4º O valor da cota do salário-família por filho ou equiparado de qualquer condição, até 14 (quatorze) anos de idade, ou inválido de qualquer idade, a partir de 1º de janeiro de 2024, é de R$ 62,04 (sessenta e dois reais e quatro centavos) para o segurado com remuneração mensal não superior a R$ 1.819,26 (um mil oitocentos e dezenove reais e vinte e seis centavos).

§1º Para fins do disposto neste artigo, considera-se remuneração mensal do segurado o valor total do respectivo salário de contribuição, ainda que resultante da soma dos salários de contribuição correspondentes a atividades simultâneas.

§2º O direito à cota do salário-família é definido em razão da remuneração que seria devida ao empregado no mês, independentemente do número de dias efetivamente trabalhados.

§3º Todas as importâncias que integram o salário de contribuição serão consideradas como parte integrante da remuneração do mês, exceto o Décimo Terceiro Salário e o adicional de férias previsto no inciso XVII do art. 7º da Constituição, para efeito de definição do direito à cota do salário-família.

§4º A cota do salário-família é devida proporcionalmente aos dias trabalhados nos meses de admissão e demissão do empregado.

Art. 5º O auxílio-reclusão, a partir de 1º de janeiro de 2024, será devido aos dependentes do segurado de baixa renda recolhido à prisão em regime fechado que não receber remuneração da empresa e nem estiver em gozo de auxílio por incapacidade temporária, pensão por morte, salário-maternidade, aposentadoria ou abono de permanência em serviço que, no mês de recolhimento à prisão tenha renda igual ou inferior a R$ 1.819,26 (um mil oitocentos e dezenove reais e vinte e seis centavos), independentemente da quantidade de contratos e de atividades exercidas, observado o valor de R$ 1.412,00 (um mil quatrocentos e doze reais), a partir de 1º de janeiro de 2024.

Parágrafo Único. A aferição da renda mensal bruta para enquadramento do segurado como de baixa renda ocorrerá pela média dos salários de contribuição apurados no período dos doze meses anteriores ao mês de recolhimento à prisão, corrigidos pelos mesmos índices de reajuste aplicados aos benefícios do regime geral de previdência social - RGPS.

Art. 6º A partir de 1º de janeiro de 2024, será incorporada à renda mensal dos benefícios de prestação continuada pagos pelo INSS, com data de início no período de 1º janeiro de 2023 a 31 de dezembro de 2023, a diferença percentual entre a média dos salários de contribuição considerados no cálculo do salário de benefício e o limite máximo em vigor no período, exclusivamente nos casos em que a referida diferença resultar positiva, observado o disposto no § 1º do art. 1º e o limite de R$ 7.786,02 (sete mil setecentos e oitenta e seis reais e dois centavos).

Art. 7º A contribuição dos segurados empregados, inclusive o doméstico e do trabalhador avulso, relativamente aos fatos geradores que ocorrerem a partir da competência janeiro de 2024, será calculada mediante a aplicação da correspondente alíquota sobre o salário de contribuição mensal, de forma progressiva, de acordo com a tabela constante do Anexo II, desta Portaria.

Art. 8º A partir de 1º de janeiro de 2024:

I - o valor a ser multiplicado pelo número total de pontos indicadores da natureza do grau de dependência resultante da deformidade física, para fins de definição da renda mensal inicial da pensão especial devida às vítimas da síndrome de talidomida, é de R$ 1.500,24 (um mil e quinhentos reais e vinte e quatro centavos).

II - o valor da multa pelo descumprimento das obrigações, indicadas no:

a) caput do art. 287 do Regulamento da Previdência Social - RPS, varia de R$ 422,97 (quatrocentos e vinte e dois reais e noventa e sete centavos) a R$ 42.300,31 (quarenta e dois mil trezentos reais e trinta e um centavos);

b) inciso I do parágrafo único do art. 287 do RPS, é de R$ 94.000,62 (noventa e quatro mil reais e sessenta e dois centavos); e

c) inciso II do parágrafo único do art. 287 do RPS, é de R$ 470.003,11 (quatrocentos e setenta mil e três reais e onze centavos);

III - o valor da multa pela infração a qualquer dispositivo do RPS, para a qual não haja penalidade expressamente cominada no art. 283 do RPS, varia, conforme a gravidade da infração, de R$ 3.215,07 (três mil duzentos e quinze reais e sete centavos) a R$ 321.505,87 (trezentos e vinte e um mil quinhentos e cinco reais e oitenta e sete centavos);

IV - o valor da multa indicada no inciso II do art. 283 do RPS é de R$ 32.150,53 (trinta e dois mil cento e cinquenta reais e cinquenta e três centavos);

V - é exigida Certidão Negativa de Débito - CND da empresa na alienação ou oneração, a qualquer título, de bem móvel incorporado ao seu ativo permanente de valor superior a R$ 80.375,64 (oitenta mil trezentos e setenta e cinco reais e sessenta e quatro centavos);

VI - o valor de que trata o § 3º do art. 337-A do Código Penal, aprovado pelo Decreto-Lei nº 2.848, de 7 de dezembro de 1940, é de R$ 6.873,82 (seis mil oitocentos e setenta e três reais e oitenta e dois centavos); e

VII - o valor da pensão especial concedida às pessoas atingidas pela hanseníase e que foram submetidas a isolamento e internação compulsórios em hospitais-colônia, assegurada pela Lei nº 11.520, de 18 de setembro de 2007, é de R$ 2.012,32 (dois mil e doze reais e trinta e dois centavos);

VIII - o valor da diária paga ao segurado ou dependente pelo deslocamento, por determinação do INSS, para submeter-se a exame médico-pericial ou processo de reabilitação profissional, em localidade diversa da de sua residência, é de R$ 130,10 (cento e trinta reais e dez centavos).

Parágrafo único. O valor das demandas judiciais de que trata o art. 128 da Lei nº 8.213, de 24 de julho de 1991, é limitado em R$ 84.720,00 (oitenta e quatro mil setecentos e vinte reais), a partir de 1º de janeiro de 2024.

Art. 9º A partir de 1º de janeiro de 2024, o pagamento mensal de benefícios de valor superior a R$ 155.720,40 (cento e cinquenta e cinco mil setecentos e vinte reais e quarenta centavos) deverá ser autorizado expressamente pelo Gerente-Executivo do INSS, observada a análise da Divisão ou Serviço de Benefícios.

Parágrafo único. Os benefícios de valor inferior ao limite estipulado no caput, quando do reconhecimento do direito da concessão, revisão e manutenção de benefícios serão supervisionados pelas Agências da Previdência Social e Divisões ou Serviços de Benefícios, sob critérios aleatórios pré-estabelecidos pela Presidência do INSS.

Art. 10. Os valores previstos nos incisos II a VIII do § 1º do art. 11 da Emenda Constitucional nº 103, de 12 de novembro de 2019, ficam reajustados a partir de

1º de janeiro de 2024 em 3,71% (três inteiros e setenta e um décimos por cento), índice aplicado aos benefícios do RGPS, nos termos do § 3º do mesmo artigo.

§ 1º Em razão do reajuste previsto no caput, a alíquota de 14% (quatorze por cento) estabelecida no caput do art. 11 da Emenda Constitucional nº 103, de 2019, será reduzida ou majorada, considerado o valor da base de contribuição ou do benefício recebido, de acordo com os parâmetros previstos no Anexo III desta Portaria.

§ 2º A alíquota, reduzida ou majorada nos termos do disposto no § 1º, será aplicada de forma progressiva sobre a base de contribuição do servidor ativo de quaisquer dos Poderes da União, incluídas suas entidades autárquicas e suas fundações, incidindo cada alíquota sobre a faixa de valores compreendida nos respectivos limites.

§ 3º A alíquota de contribuição de que trata o caput do art. 11 da Emenda Constitucional nº 103, de 2019, com a redução ou a majoração decorrentes do disposto nos incisos I a VIII do § 1º do mesmo artigo, será devida pelos aposentados e pensionistas de quaisquer dos Poderes da União, incluídas suas entidades autárquicas e suas fundações, e incidirá sobre o valor da parcela dos proventos de aposentadoria e de pensões que supere o limite máximo estabelecido para os benefícios do RGPS, hipótese em que será considerada a totalidade do valor do benefício para fins de definição das alíquotas aplicáveis.

Art. 11. A Secretaria Especial da Receita Federal do Brasil do Ministério da Fazenda, o Instituto Nacional do Seguro Social - INSS e a Empresa de Tecnologia e Informações da Previdência - Dataprev adotarão as providências necessárias ao cumprimento do disposto nesta Portaria Interministerial.

Art. 12. Esta Portaria entra em vigor na data de sua publicação.

Art. 13. Ficam revogadas as Portarias Interministeriais MPS/MF nº 26, de 10 de janeiro de 2023, e nº 27, de 4 de maio de 2023.

CARLOS ROBERTO LUPI
Ministro de Estado da Previdência Social
DARIO CARNEVALLI DURIGAN
Ministro de Estado da Fazenda Substituto

ANEXO I

FATOR DE REAJUSTE DOS BENEFÍCIOS CONCEDIDOS DE ACORDO COM AS RESPECTIVAS DATAS DE INÍCIO, APLICÁVEL A PARTIR DE JANEIRO DE 2024

DATA DE INÍCIO DO BENEFÍCIO	REAJUSTE (%)
Até janeiro de 2023	3,71
em fevereiro de 2023	3,23
em março de 2023	2,44
em abril de 2023	1,79
em maio de 2023	1,26
em junho de 2023	0,89
em julho de 2023	0,99
em agosto de 2023	1,08
em setembro de 2023	0,88
em outubro de 2023	0,77
em novembro de 2023	0,65
em dezembro de 2023	0,55

ANEXO II

TABELA DE CONTRIBUIÇÃO DOS SEGURADOS EMPREGADO, EMPREGADO DOMÉSTICO E TRABALHADOR AVULSO, PARA PAGAMENTO DE REMUNERAÇÃO A PARTIR DE 1º DE JANEIRO DE 2024

SALÁRIO-DE-CONTRIBUIÇÃO (R$)	ALÍQUOTA PROGRESSIVA PARA FINS DE RECOLHIMENTO AO INSS
até 1.412,00	7,5%
de 1.412,01 até 2.666,68	9%
de 2.666,69 até 4.000,03	12 %
de 4.000,04 até 7.786,02	14%

ANEXO III

TABELA DE CONTRIBUIÇÃO DOS SEGURADOS E BENEFICIÁRIOS DO REGIME PRÓPRIO DE PREVIDÊNCIA SOCIAL DA UNIÃO A PARTIR DE 1º DE JANEIRO DE 2024

BASE DE CONTRIBUIÇÃO (R$)	ALÍQUOTA PROGRESSIVA INCIDINDO SOBRE A FAIXA DE VALORES
até 1.412,00	7,5%
de 1.412,01 até 2.666,68	9%
de 2.666,69 até 4.000,03	12%
de 4.000,04 até 7.786,02	14%
de 7.786,03 até 13.333,48	14,5%
de 13.333,49 até 26.666,94	16,5%
de 26.666,95 até 52.000,54	19%
acima de 52.000,54	22%

14

INSS, FGTS E IRRF

14.1. PRÁTICA DE INCIDÊNCIAS COM A DEVIDA FUNDAMENTAÇÃO LEGAL

Apresentam-se, agora, os encargos sociais incidentes sobre os pagamentos efetuados a empregados e outros, acompanhados dos respectivos fundamentos legais.

Pagamentos	Incidências		
	INSS	**FGTS**	**IRRF**
Abonos, ajuda de custo, "auxílio-alimentação desde que não seja pago em dinheiro", diárias para viagem e prêmios. Mesmo que as importâncias pagas ainda que habituais.	NÃO Art. 457, § 2º, da CLT. Acrescentado pela Lei nº 13.467, de 13/7/2017 (*DOU* de 14/7/2017). Prêmios, art. 457, §§ 2º e 4º, da CLT	NÃO Art. 457, § 2º, da CLT. Acrescentado pela Lei nº 13.467, de 13/7/2017 (*DOU* de 14/7/2017). Prêmios, art. 457, §§ 2º e 4º, da CLT	SIM Lei nº 7.713/88, arts. 3º e 7º.

Pagamentos	Incidências		
	INSS	FGTS	IRRF
Abono pecuniário de férias Concessão de 1/3 do período em dinheiro (até 20 dias).	NÃO Art. 28, § 9º, alínea e, item 6 da Lei nº 8.212/91, com redação dada pela Lei nº 9.711, de 20-11-98.	NÃO CLT, art. 144.	NÃO Solução de Divergência nº 1, de 2-1-2009 (*DOU* de 6-1-2009) e Ato Declaratório Interpretativo nº 28, de 16-1-2009 (*DOU* de 19-1-2009).
Adicionais Insalubridade, periculosidade, noturno, de função e tempo de serviço (ou gratificação de tempo de serviço).	SIM Lei nº 8.212/91, art. 28, inciso I.	SIM Lei nº 8.036/90, art. 15. Súmulas do TST 60 e 63.	SIM Lei nº 7.713/88, arts. 3º e 7º.
Ajuda de custo, abonos, "auxílio-alimentação desde que não seja pago em dinheiro", diárias para viagem e prêmios. Mesmo que as importâncias pagas ainda que habituais	NÃO Art. 457, § 2º, da CLT. Acrescentado pela Lei nº 13.467, de 13/7/2017 (*DOU* de 14/7/2017). Prêmios, art. 457, §§ 2º e 4º, da CLT	NÃO Art. 457, § 2º, da CLT. Acrescentado pela Lei nº 13.467, de 13/7/2017 (*DOU* de 14/7/2017). Prêmios, art. 457, §§ 2º e 4º, da CLT.	NÃO e SIM Lei nº 7.713, de 22-12-88, *DOU* de 23-12-88, art. 6º, inciso XX; apenas as ajudas de custo destinadas a atender às despesas com transporte, frete e locomoção do beneficiado e seus familiares, em caso de remoção de um município para outro, sujeita à comprovação posterior pelo contribuinte. O restante **SIM** Lei nº 7.713, de 22-12-1988, arts. 3º e 7º.

Pagamentos	Incidências		
	INSS	FGTS	IRRF
Auxílio-doença por acidente	SIM Como no auxílio-doença durante os primeiros 15 dias a cargo da empresa.	SIM Os depósitos efetuados devem ser não somente dos 15 primeiros dias a cargo da empresa, mas de todo o tempo em que o empregado estiver afastado – RFGTS, art. 28, inciso III.	SIM Como no auxílio-doença, durante os primeiros 15 dias a cargo da empresa.
Auxílio-doença Primeiros 15 dias a cargo da empresa.	SIM Lei nº 8.212/91, art. 28, inciso I.	SIM Lei nº 8.036/90, art. 15.	SIM Lei nº 7.713, arts. 3º e 7º.
Auxílio-doença complementar extensivo a todos os empregados	NÃO Lei nº 8.212/91, art. 28, § 9º, alínea *n*.	NÃO Art. 15, § 6º da Lei nº 8.036/90, com redação dada pela Lei nº 9.711, de 20-11-98, elencada no § 9º, alínea *n* do art. 28 da Lei nº 8.212/91.	SIM Lei nº 7.713/88, arts. 3º e 7º.
Aviso prévio indenizado	NÃO Solução de Consulta nº 99.014, de 18-10-2016, *DOU* de 27-3-2017 da RFB e ADIN nº 1.659-6, de 27-11-1997 do STF.	SIM Súmula nº 305 do TST. *DJU* de 5-11-92.	NÃO Lei nº 7.713/88, art. 6º, V.
Aviso prévio trabalhado	SIM Lei nº 8.212/91, art. 28, inciso I.	SIM Lei nº 8.036/90, art. 15.	SIM Lei nº 7.713/88, arts. 3º e 7º.

Pagamentos	Incidências		
	INSS	FGTS	IRRF
Cesta Básica (Alimentação ao Trabalhador) Desde que aprovado pelo Ministério do Trabalho através do Programa de Alimentação ao Trabalhador PAT.	NÃO Lei nº 8.212/91, art. 28, § 9º, alínea *c*.	NÃO Art. 15, § 6º da Lei nº 8.036/90, com redação dada pela Lei nº 9.711, de 20-11-98, elencada no § 9º, alínea *c* do art. 28 da Lei nº 8.212/91.	NÃO Decreto nº 10.854, de 10-11-2021 – art. 178.
Comissões	SIM Lei nº 8.212/91, art. 28, inciso I.	SIM Lei nº 8.036/90, art. 15.	SIM Lei nº 7.713/88, arts. 3º e 7º.
Contribuinte individual (Trabalhadores autônomos e equiparados, empresários e cooperados para fins previdenciários passou a chamar-se contribuinte individual)	SIM Lei nº 8.212/91, com redação dada pela Lei nº 9.876, de 26-11-99, art. 22, incisos I, III, IV e § 1º.	NÃO e SIM É facultativo apenas ao diretor não empregado, só para esse que faculta ser sim – Lei nº 8.036/90, art. 16.	SIM Lei nº 7.713/88, arts. 3º e 7º.
Décimo terceiro-salário 1ª parcela	NÃO Art. 216, § 1º do Decreto nº 3.048/99 do RPS.	SIM Lei nº 8.036/90, art. 15.	NÃO Lei nº 7.713/88, art. 26 e IN do SRP, item 7.4.
Décimo terceiro-salário pago mês a mês para o **trabalho intermitente § 6º do art. 452-A da CLT**	SIM Art. 216, § 1º, do RPS, sobre o valor integral da remuneração.	SIM Lei nº 8.036/90, art. 15, no pagamento mês a mês	SIM Lei nº 7.959/89, art. 5º (veja item 2.2.2 Imposto de Renda), sobre o valor integral da remuneração. Ajuste anual como determina a Lei.

Pagamentos	Incidências		
	INSS	FGTS	IRRF
2ª parcela ou na extinção do contrato de trabalho	SIM Art. 216, § 1º, do RPS, sobre o valor integral da remuneração.	SIM Lei nº 8.036/90, art. 15, excluindo o pagamento da 1ª parcela.	SIM Lei nº 7.959/89, art. 5º (veja item 2.2.2 Imposto de Renda), sobre o valor integral da remuneração.
Diárias para viagem Valor pago ainda que habitual, não constitui base de incidência de encargo trabalhista e previdenciário. § 2º do art. 457 da CLT, redação da Lei 13.467/2017).	IR – as diárias, exclusivamente, ao pagamento de despesas de alimentação e pousada, por serviço eventual realizado em município diferente do da sede de trabalho (Lei nº 7.713/88, art. 6º, II).		
Diárias para viagem, qualquer importância paga, § 2º do art. 457 da CLT, redação da Lei 13.467/2017)	NÃO Art. 457, § 2º, da CLT. Acrescentado pela Lei nº 13.467, de 13/7/2017 (*DOU* de 14/7/2017).	NÃO Art. 457, § 2º, da CLT. Acrescentado pela Lei nº 13.467, de 13/7/2017 (*DOU* de 14/7/2017).	NÃO Lei nº 7.713/88, art. 6º, II.
Estagiários (aceitos pela Lei nº 11.788, de 25-9-2008)	NÃO Lei nº 8.212/91, art. 28, § 9º, alínea *i*.	NÃO art. 27, alínea *b*, do RFGTS.	SIM Lei nº 7.713/88, arts. 3º e 7º.

Pagamentos	Incidências		
	INSS	FGTS	IRRF
Férias indenizadas (inclusive em dobro, proporcionais e 1/3 da CF), inclusive intermitente na extinção do contrato de trabalho	NÃO Lei nº 8.212/91, art. 28, § 9º, alínea *d*.	NÃO Lei nº 8.036/90, art. 15, § 6º.	NÃO Solução de Divergência nº 1, de 2-1-2009 (*DOU* de 6-1-2009).
Férias pagas mês a mês para o **trabalho intermitente § do art. 443 e art. 452-A e seus §§s da CLT**	SIM Lei nº 8.212/91, art. 28, inciso I.	SIM Lei nº 8.036/90, art. 15.	SIM Lei nº 7.713/88, arts. 3º e 7º.
Férias normais (individuais ou coletivas proporcionais com menos de um ano)	SIM Lei nº 8.212/91, art. 28, inciso I.	SIM Lei nº 8.036/90, art. 15.	SIM Lei nº 7.713/88, arts. 3º e 7º.

Pagamentos	Incidências		
	INSS	**FGTS**	**IRRF**
Férias pagas em dobro, na vigência do contrato de trabalho 1/3 a mais do que o salário normal (veja item 5.3 deste livro). **Divide-se em dois, sendo: 1.** As férias pagas sem a dobra + 1/3 da CF. **2.** Apenas o pagamento da dobra das férias + 1/3 da CF	a) excluindo o adicional. SIM Lei nº 8.212/91, art. 28, inciso I, excluso o adicional. b) apenas ao adicional (valor correspondente à dobra das férias).	SIM Lei nº 8.036/90, art. 15.	SIM Lei nº 7.713/88, arts. 3º e 7º.
	NÃO Art. 214, § 9º, inciso IV, do RPS.	NÃO Instrução Normativa nº 3/96, item II, alínea *q*.	SIM Lei nº 7.713/88, arts. 3º e 7º.
Férias: concessão de 1/3 do período em dinheiro (veja abono pecuniário de férias)			
Gorjetas	SIM Lei nº 8.212/91, art. 28, I.	SIM Lei nº 8.036/90, art. 15.	SIM Lei nº 7.713/88, arts. 3º e 7º.
Gratificação (ajustada ou contratual) De balanço, de função ou cargo de confiança, de produtividade, de tempo de serviço, semestral, anual etc.	SIM Lei nº 8.212/91, art. 28, inciso I.	SIM Lei nº 8.036/90, art. 15.	SIM Lei nº 7.713/88, arts. 3º e 7º.

Pagamentos	Incidências		
	INSS	FGTS	IRRF
Gratificação de Natal (veja décimo-terceiro salário) O art. 7º, inciso VIII, da Constituição Federal estabeleceu a expressão "décimo-terceiro salário", para a gratificação natalina.			
Horas extras	SIM Lei nº 8.212/91, art. 28, inciso I.	SIM Lei nº 8.036/90, art. 15.	SIM Lei nº 7.713/88, arts. 3º e 7º.
Indenização adicional Empregado dispensado no período de 30 dias que antecede a data de sua correção salarial. Lei nº 6.708/ 79, art. 9º ou Lei nº 7.238/ 84, art. 9º.	NÃO Art. 28, § 9º, alínea *e*, item 9 da Lei nº 8.212/91, com redação dada pela Lei nº 9.711, de 20-11-98.	NÃO Art. 15, § 6º da Lei nº 8.036/90, com redação dada pela Lei nº 9.711, de 20-11-98, elencada no item 9, alínea *e*, § 9º da Lei nº 8.212/91.	NÃO Lei nº 7.713/88, art. 6º, V.

Pagamentos	Incidências		
	INSS	FGTS	IRRF
Indenização por tempo de serviço Inclusive acordo do tempo anterior à opção e rescisão antecipada do contrato de trabalho por prazo determinado nos termos do art. 479 da CLT.	NÃO Lei nº 8.212/91, art. 28, § 9º, alínea *e*, itens 2 e 3, alterada pela Lei nº 9.528, de 10-12-97.	NÃO Lei nº 8.036/90, art. 15.	NÃO Lei nº 7.713/88, art. 6º, V.
Menor assistido (Programa do Bom Menino) – Bolsa de iniciação ao trabalho	NÃO Decreto nº 94.338/ 87, art. 13, parágrafo único.	NÃO Decreto nº 94.338/ 87, art. 13, parágrafo único.	SIM Lei nº 7.713/88, arts. 3º e 7º.
Participação nos lucros (gratificação)	SIM Lei nº 8.212/91, art. 28, inciso I.	SIM Lei nº 8.036/90, art. 15.	SIM Lei nº 7.713/88, arts. 3º e 7º.
Participação nos lucros ou resultados, desvinculada da remuneração, conforme art. 7º, inciso XI, da CF	NÃO Quando for paga ou creditada de acordo com lei específica, § 9º, alínea *j*, do art. 28 da Lei nº 8.212/91.	NÃO Nos termos do art. 7º, inciso XI, da Constituição Federal.	SIM Calculado em separado dos demais rendimentos recebidos no mês, quando for nos termos do art. 7º, inciso XI, da Constituição Federal. LEI Nº 10.101, de 19/12/2000 - *DOU* 20/12/2000 **Tabela Especial.**

Pagamentos	Incidências		
	INSS	FGTS	IRRF
Prêmios Previsto nos §§ 2º e 4º do art. 457 da CLT, redação da Lei 13.467/2017.	NÃO §§ 2º e 4º do art. 457 da CLT, redação da Lei 13.467/2017.	NÃO §§ 2º e 4º do art. 457 da CLT, redação da Lei 13.467/2017.	SIM Lei nº 7.713/88, arts. 3º e 7º.
Quebra de caixa Quebra de caixa (paga aos bancários). Ver Súmula nº 247 do TST.	SIM Lei nº 8.212/91, art. 28, inciso I.	SIM Quando pago aos bancários. Súmula nº 247 do TST e IN nº 25 de 20-12-2001, art. 12, item XX.	SIM Lei nº 7.713/88, art. 7º, § 1º.
Retiradas de diretores empregados (contribuinte individual)	SIM Lei nº 8.212/91, art. 28, inciso I.	SIM Lei nº 8.036/90, art. 15.	SIM Lei nº 7.713/88, arts. 3º e 7º.
Retiradas de diretores proprietários (Contribuinte individual)	SIM (vide obs.) Lei nº 8.212/91, art. 28, inciso III.	NÃO e SIM É facultativo. Lei nº 8.036/90, art. 16.	SIM Lei nº 7.713/88, arts. 3º e 7º.
Retiradas de titulares de firma individual (Contribuinte individual)	SIM Lei nº 8.212/91, art. 28, inciso III.	NÃO e SIM É facultativo. Lei nº 8.036/90, art. 16.	SIM Lei nº 7.713/88, arts. 3º e 7º.
Salário	SIM Lei nº 8.212/91, art. 28, inciso I.	SIM Lei nº 8.036/90, art. 15.	SIM Lei nº 7.713/88, arts. 3º e 7º.
Salário-família	NÃO Lei nº 8.212/91, art. 28, § 9º, alínea *a*.	NÃO Lei nº 8.036/90, art. 15.	NÃO Lei nº 8.218, de 29-8-91 (*DOU* de 30-8-90, art. 25).
Salário-maternidade (normal)	SIM Lei nº 8.212/91, art. 28, § 2º.	SIM RFGTS, art. 28, inciso IV.	SIM Lei nº 7.713/88, arts. 3º e 7º.

Pagamentos	Incidências		
	INSS	**FGTS**	**IRRF**
Serviços autônomos de prestador inscrito na Previdência Social (Contribuinte individual)	SIM Lei nº 8.212/91, art. 28, inciso III.	NÃO Lei nº 8.036/90, art. 15.	SIM Lei nº 7.713/88, arts. 3º e 7º.
OBS.: a) Serviços prestados sem vínculo empregatício – contribuição das empresas ao INSS (trabalhadores autônomos e equiparados, empresários e cooperados agora chamados contribuinte individual), conforme art. 22, inciso I, III, IV e § 1º da Lei nº 8.212/91, com redação dada pela Lei nº 9.876, de 26-11-99.			
Vale-transporte	NÃO Lei nº 8.212/91, art. 28, § 9º, alínea *f*.	NÃO Decreto nº 10.854, 10-11-2021, artigo 111.	NÃO Lei nº 7.713/88, art. 6º, I.

Significados das siglas

CF – Constituição Federal.
CLP – Consolidação da Legislação Previdenciária – Determinada pelo art. 6º da Lei nº 9.032, de 28-4-95.
CLT – Consolidação das Leis do Trabalho – Decreto-lei nº 5.452/43.
CST – Coordenação do Sistema de Tributação (Secretaria da Receita Federal).
INSS – Instituto Nacional do Seguro Social.
IN – Instrução Normativa.
PN – Parecer Normativo.
RFGTS – Regulamento do Fundo de Garantia do Tempo de Serviço.
RIR – Regulamento do Imposto de Renda – Decreto nº 85.450/80.
RPS – Regulamento da Previdência Social.
SAF – Secretaria de Arrecadação e Fiscalização do INSS.
SPS – Secretaria da Previdência Social.
SRF – Secretaria da Receita Federal.
RFB – Receita Federal do Brasil.
STF – Supremo Tribunal Federal.
TST – Tribunal Superior do Trabalho.

15

TRABALHO INTERMITENTE – CÁLCULO DO RSR

15.1. TIPOS DE CONTRATO DE TRABALHO

São vários os tipos de contrato de trabalho entre empregador e empregado.

Entre eles, temos:

- Contrato de trabalho por prazo indeterminado.
- Contrato de experiência.
- Contrato por prazo determinado.
- Contrato de trabalho por tempo parcial.
- Contrato de trabalho intermitente.
- Contrato de trabalho em *home office* por meio do teletrabalho.

A reforma trabalhista, por meio do art. 452-A e §§, traz um novo tipo de contrato de trabalho chamado "TRABALHO INTERMITENTE".

Pelo novo texto, é permitida a prestação de serviços de forma descontínua, podendo o empregado trabalhar em dias e horários alternados.

Esse trabalho deve ser formalizado por escrito, com a especificação do valor hora de trabalho, que não deve ser inferior à hora do salário-mínimo.

O empregador pode contratar trabalhadores pelos períodos de tempos que julgar necessário sem criar vínculo, ou seja, o tempo de inatividade não é caracterizado como período à disposição do empregador.

É um trabalho sem continuidade. O empregado pode ter registros em sua Carteira de Trabalho e Previdência Social em várias empresas, formalizando assim o trabalho chamado "fazer bicos".

15.2. TRABALHO INTERMITENTE

É um trabalho sem continuidade, o empregado por ter registros em sua Carteira de Trabalho e Previdência Social em várias empresas, formalizando muitas vezes o trabalho chamado "fazendo bicos".

15.3. CONDIÇÕES PARA CONTRATAR UM EMPREGADO DE TRABALHO INTERMITENTE

As condições para contratar um empregado de trabalho intermitente são as seguintes:

1. Efetuar um contrato de trabalho por escrito, especificando toda forma do contrato de trabalho intermitente, inclusive o recebimento do RSR.

2. Proceder toda rotina de registro de empregado sob a égide da CLT.

3. Efetuar o registro na CTPS **pelo valor hora de trabalho**, ou, por dia de trabalho, nunca inferior ao valor hora do salário-mínimo, ou tendo um paradigma com os demais empregados nos termos do art. 461 e §§.

4. Relatando no contrato de trabalho de como será a convocação, para prestação de serviços, sendo de mínimo 3 (três) dias corridos de antecedência e o empregado recebendo o comunicado terá o prazo de um dia para responder o chamado, presumindo-se,

no silêncio, a recusa. A recusa não descaracteriza o contrato intermitente.

5. Aceita a oferta para a execução do trabalho, a parte que descumprir, sem justo motivo, pagará à outra parte, no prazo de trinta dias, multa de 50% da remuneração que seria devida, permitida a compensação em igual prazo.

6. O período de inatividade não será considerado tempo à disposição do empregador, podendo prestar serviços a outros contratantes.

7. Ao final de cada período de prestação de serviços, o empregado receberá, mediante recibo fornecido pelo empregador, com a discriminação das verbas pagas, recebendo de imediato as parcelas:

   I – Remuneração.

   II – Férias proporcionais com acréscimo de um terço.

   III – Décimo terceiro salário proporcional.

   IV – Repouso semanal remunerado; e

   V – Adicionais legais.

O empregador efetuará o recolhimento do INSS e FGTS, na forma da lei, com base nos valores pagos no período mensal e fornecerá ao empregado comprovante do cumprimento dessas obrigações.

15.4. UM EXEMPLO PRÁTICO DE SALÁRIO NO MÊS + RSR

Vamos citar um exemplo de cálculo de RSR do empregado que trabalhou 69 h no mês X de 31 dias, a R$ 9,00 por hora e neste mês teve 4 domingos e 2 feriados, portanto, 6 RSR.

Melhor cálculo a ser feito é em percentual

Como o empregado é horista e não mensalista, devemos considerar o número de dias do mês.

31 dias – 6 RSR = 25 dias úteis, vou passar os dias úteis em % = 25%

Vou dividir os RSR pelo percentual de dias úteis, ou seja, 6/25% = 24, vou passar também em percentual o resultado, ou seja, 24%.

Então temos: 69 h X 24% = 16,56 horas

RSR de 69 h no mês de 31 dias com 6 RSR = 16,56 horas

Cálculo no mês

Horas efetivamente trabalhadas 69h x R$ 9,00

por hora .... R$ 621,00

Adicionais legais .... R$ 000,00

RSR do mês 16,56 h X R$ 9,00 por hora .... R$ 149,04

Total a receber no mês .... R$ 770,04

PAGAMENTO DE REMUNERAÇÃO

Total a receber no mês .... R$ 770,04

Adicionais legais .... R$ 00,00

(+) 1/12 avos de 13º salário .... R$ 64,17

(+) 1/12 avos de férias .... R$ 64,17

(+) acréscimo de 1/3 de férias .... R$ 21,39

Total bruto a receber .... R$ 919,77

DESCONTOS

INSS 7,5% S/919,77 .... R$ 68,98

IRRF .... R$ 00,00

Total dos descontos .... R$ 68,98

LÍQUIDO A RECEBER .... R$ 850,79

FGTS A RECOLHER R$ 919,77 X 8% .... R$ 73,58

A cada doze meses fará jus as férias, que serão concedidas nos doze meses subsequentes, ou seja, período aquisitivo e concessivo.

Recolhimento do INSS e FGTS

O empregador efetuará o recolhimento do INSS e FGTS, na forma da lei, com base nos valores pagos no período mensal e fornecerá ao empregado comprovante do cumprimento dessas obrigações.

TABELAS DO IMPOSTO DE RENDA E DE CONTRIBUIÇÃO DO INSS A PARTIR DE JANEIRO/2024

TABELA DE CONTRIBUIÇÃO DOS SEGURADOS EMPREGADO, EMPREGADO DOMÉSTICO E TRABALHADOR AVULSO, PARA PAGAMENTO DE REMUNERAÇÃO A PARTIR DE 1º DE JANEIRO DE 2024

SALÁRIO-DE-CONTRIBUIÇÃO (R$)	ALÍQUOTA PROGRESSIVA PARA FINS DE RECOLHIMENTO AO INSS
até 1.412,00	7,5%
de 1.412,01 até 2.666,68	9%
de 2.666,69 até 4.000,03	12 %
de 4.000,04 até 7.786,02	14%

TABELA DE ALÍQUOTA DO INSS A PARTIR DE 1º/1/2024 (SIMPLIFICADO)

Faixa	Base de cálculo (R$)	Alíquota (%)	Valor a descontar e somar a partir da faixa 2
1	Até 1.412,00 x 7,5% = 105,90	7,5%	105,90
2	2.666,68 – 1.412,01 = 1.254,67 X 9% = 112,92 + 105,90 = 218,82	9%	218,82
3	4.000,03 – 2.666,69 = 1.333,34 X 12% = 160,00 + 218,82 = 378,82	12%	378,82
4	7.786,02 – 4.000,04 = 3.785,98 X 14% = 530,04 + 378,82 = 908,86	14%	908,86

RESUMINDO:	Ver em que faixa está o valor de contribuição, deduzir o valor máximo da faixa anterior e multiplicar pelo % da faixa em que está. Somar-se-ão o valor total das faixas anteriores. O resultado é a alíquota do segurado. Verificar se o RPPS vem descontando sobre sua alíquota determinada por Lei.
Obs. Valor a deduzir por dependente para cálculo do IRRF: R$ 189,59	

Nota: simplificação elaborada pelos autores

Tabela do IRRF – LEI Nº 14.848,
DE 1º DE MAIO DE 2024 – DOU de 1º/5/2024. Edição Extra, que revoga a Medida Provisória nº 1.206, de 6/2/2024.

Tabela Progressiva Mensal		
Base de Cálculo (RS)	Alíquota (%)	Parcela a Deduzir do IR (R$)
Até 2.259,20	zero	zero
De 2.259,21 até 2.826,65	7,5	169,44
De 2.826,66 até 3.751,05	15	381,44
De 3.751,06 até 4.664,68	22,5	662,77
Acima de 4.664,68	27,5	896,00
Obs. Valor a deduzir por dependente: R$ 189,59, para 2024 cálculo do IRRF Dispensa de retenção de valor igual ou inferior a R$ 10,00. Salário-família por filho ou equiparado de qualquer condição, até 14 (quatorze) anos de idade, ou inválido de qualquer idade, a partir de 1o de janeiro de 2024, é de R$ 62,04 (sessenta e dois reais e quatro centavos) para o segurado com remuneração mensal não superior a R$ 1.819,26 (um mil e oitocentos e dezenove reais e vinte e seis centavos). Portaria Interministerial MPS/MF no 2, de 11/1/2024 - DOU de 12/1/2024, | Edição: 9 | Seção: 1 | Página 44 |		

15.5. MODELO DE UM CONTRATO DE TRABALHO INTERMITENTE

CONTRATO DE TRABALHO INTERMITENTE

PARTES

EMPREGADOR, EDITORA DOS APOSENTADOS, inscrita no CNPJ/MF sob nº 00.000.000/001/81, com sede na.. ...., doravante designado simplesmente EMPREGADOR; e (nome do empregado............................), brasileiro, estado civil.........., profissão................., portador(a) da Carteira de Trabalho nº .... – série ......, portador(a) da Cédula de Identidade RG nº............, inscrito(a) no CPF nº............................., residente e domiciliado(a) na Rua (endereço completo), CEP................................, a seguir designado(a) simplesmente EMPREGADO(A).

OBJETO DO CONTRATO

O(a) EMPREGADO(a) é contratado(a) na modalidade de trabalho intermitente, conforme artigo 443 e parágrafo 3º, cumulado com o artigo 452-A, incisos e parágrafos, ambos da Consolidação das Leis do Trabalho – CLT, nos termos a seguir acordados:

1. Fica o(a) EMPREGADO(A) admitido no quadro de empregados do EMPREGADOR na **modalidade intermitente** para exercer o cargo de **editor de texto**, sendo registrado na CTPS. O empregado tem a função específica de **editar quarta capa e orelha de capa**. Na execução de suas atividades o empregado deve fazer uma leitura da introdução do livro, ter reunião com o autor, dirimindo as dúvidas surgidas junto ao autor, para esclarecimento técnico ou literário em relação ao original. Na redação do texto da quarta capa, deve ser o conceito a que se propõe a obra, onde é apresentado um breve relato, contextualizando o teor do livro. Na quarta capa será inserida uma sinopse da obra, que irá auxiliar o leitor sobre o conteúdo antes de compra-lo ou folheá-lo. Para a **orelha de capa,** o empregado deve preparar uma minibiografia do autor, mencionando outras obras de sua autoria, se houver, grau de instrução, conhecimento,

experiência profissional e demais características importantes e interessantes para o leitor.

2. O EMPREGADO deve elaborar o texto da quarta capa e orelha de capa, com clareza e concisão para ter a aprovação do autor.

3. O fato de a função ser especificada não importa na impossibilidade de transferência do(a) EMPREGADO(A) para outro serviço no qual demonstre melhor capacidade de adaptação, com as devidas anotações.

4. O(A) EMPREGADO(A) compromete-se a cumprir rigorosamente todas as instruções do EMPREGADOR, em especial o controle de horário de trabalho.

REMUNERAÇÃO

5. O(A) EMPREGADO(A) receberá o salário de R$ 50,00 (cinquenta reais) por hora trabalhada, após a realização do trabalho, com seus reflexos e no local da prestação do serviço. O empregador afirma que o valor do salário hora não é inferior ao salário hora do salário-mínimo e tem como paradigma os demais empregados do estabelecimento que exerçam o mesmo cargo em contrato intermitente ou não.

6. O empregador atendendo ao § 6º do art. 452-A da Consolidação das Leis do Trabalho e por ser um contrato por prazo indeterminado, excedendo a um mês, o pagamento das parcelas a que se referem das horas trabalhadas no mês, serão pagas na sede do empregador, sendo pagas de imediato as seguintes parcelas:

- Remuneração
- Férias proporcionais com acréscimo de um terço
- Décimo terceiro salário proporcional
- Repouso semanal remunerado, e
- Adicionais legais.

Essas parcelas deverão ser pagas mensalmente, desde que houve trabalho no mês, até o quinto dia útil do mês seguinte ao trabalhado, conforme preceitua o § 1º do art. 459 da CLT.

FORMA DE CONVOCAÇÃO E DEMAIS DETERMINAÇÕES

7. O EMPREGADOR convocará o(a) EMPREGADO(a) por meio de comunicação eficaz, informando a jornada solicitada, com antecedência de 03 (três) dias de antecedência. Recebida a comunicação o(a) EMPREGADO(a) terá um dia útil, para comunicar de forma eficaz a aceitação ou não da proposta, sendo que seu silêncio representará a recusa. A recusa da oferta não descaracteriza a subordinação para fins do contrato de trabalho intermitente.

8. O EMPREGADOR, a cada obra, nova edição ou conjunto de obras, entrará em contato com o EMPREGADO por ***e-mail***, que recebendo terá o prazo de um dia útil para responder a aceitação do trabalho, passando o segundo dia útil em silêncio, presume-se sua recusa na execução do trabalho.

9. Aceita a proposta, a parte que, sem justo motivo, descumprir o ajustado, pagará à outra parte, no prazo de até 30 (trinta dias), multa de 50% (cinquenta por cento) da remuneração que seria paga, permitida a compensação por outros serviços a serem prestados pelo EMPREGADO(a) em igual prazo.

10. O período de inatividade não será considerado tempo à disposição do EMPREGADOR, podendo o(a) EMPREGADO(a) prestar serviços a outros contratantes.

LOCAL DA PRESTAÇÃO DOS SERVIÇOS

11. Fica estabelecido, nos termos do que dispõe o parágrafo 1º do artigo 469 da CLT, que o(a) EMPREGADO(A) acatará ordens emanadas do EMPREGADOR para a prestação de serviços tanto na localidade de celebração deste Contrato, como em qualquer outro serviço externo ou filial.

12. A princípio a prestação de serviços pelo empregado será na sede, quando houver necessidade de visitar o autor nas filiais ou cidade de sua residência, o empregado irá ao local para dirimir dúvidas junto ao autor, tendo o esclarecimento técnico ou literário em relação ao original para elaborar o texto da quarta capa e o texto de orelha da obra.

13. Quando houver deslocamento do empregado da sede, para filiais ou residência do autor, fora da sede, a estadia, passagem aérea,

alimentação, taxi, UBER, entre outras despesas de viagem, serão pagas integralmente pelo empregador.

PRAZO

14. O presente contrato de trabalho intermitente vigerá por prazo indeterminado, continuando em plena vigência todas as suas cláusulas e condições enquanto durarem as relações do(a) EMPREGADO(A) com o EMPREGADOR.

DO REGULAMENTO INTERNO

15. Faz parte integrante do presente contrato, para todos os fins e efeitos de direito, o Regulamento Interno do EMPREGADOR. Neste ato, por meio da assinatura deste contrato, o(a) EMPREGADO(A) declara que recebeu uma cópia do Regulamento Interno, o qual foi por ele(a) lido, de forma que está ciente do seu conteúdo, e compromete-se a cumprir as obrigações, deveres e demais regramentos que lhe são aplicáveis.

DISPOSIÇÕES GERAIS

16. No ato da assinatura deste contrato, o(a) EMPREGADO(A) recebe as informações sobre as normas do EMPREGADOR, e a violação de qualquer uma de suas normas implicará em sanção, cuja graduação dependerá da gravidade, culminando com a extinção do contrato.

17. O(A) EMPREGADO(A) obriga-se a tratar confidencialmente, mantendo em estrito sigilo, abstendo-se de copiar e/ou divulgar, na íntegra ou em parte, por qualquer meio de comunicação, a qualquer pessoa, todas as informações, segredos de negócios, projetos e quaisquer outras informações, dados e documentos do EMPREGADOR, fornecedores, clientes ou terceiros, aos quais tenha acesso em decorrência da execução deste Contrato, não os divulgando a terceiros, por qualquer meio de comunicação, salvo com autorização prévia e por escrito do EMPREGADOR, obrigação essa que permanecerá mesmo após o término deste Contrato, respondendo, na hipótese de violação e/ou divulgação não autorizadas, civil e criminalmente, nos termos da legislação vigente, sem prejuízo das demais sanções cabíveis.

18. Em caso de dano causado pelo(a) EMPREGADO(A), fica o EMPREGADOR, desde já, autorizado a efetuar o desconto da importância correspondente ao prejuízo, conforme prevê o parágrafo 1º do artigo 462 da CLT.

19. O(A) EMPREGADO(A) fica ciente das Normas de Segurança que regulam as atividades do EMPREGADOR e se compromete a usar os equipamentos de segurança que lhe forem fornecidos, podendo ser punido por falta grave em caso de descumprimento, nos termos da legislação vigente e normas de segurança e medicina do trabalho.

20. E, por estarem de pleno acordo, assinam ambas as partes este contrato, em 02 (duas) vias de igual teor na presença das testemunhas abaixo relacionadas.

Cidade, ... de .... de ....

____

EMPREGADOR

____

EMPREGADO(A)

TESTEMUNHAS:

Nome: R.G. nº .... / SSP-SP		Nome: R.G. nº ..../ SSP-SP

15.6. CONTROLE DO HORÁRIO DE TRABALHO INTERMITENTE

> Cartão de ponto, livro ou sistema eletrônico do trabalho intermitente

Para os estabelecimentos com mais de 20 (vinte) trabalhadores será obrigatória a anotação da hora de entrada e de saída, em registro manual, mecânico ou eletrônico, conforme instruções expedidas pela Secretaria Especial de Previdência e Trabalho do Ministério da Economia, permitida a pré-assinalação do período de repouso, art. 74, § 2º, da CLT ***(Redação dada pela Lei nº 13.874/2019 - DOU 20/09/2019 - Edição Extra).***

Para o caso específico do trabalhador em regime de trabalho intermitente, o controle de ponto deve existir mesmo que a empresa tenha menos de vinte empregados, esse controle de registro de ponto (manual, mecânico ou eletrônico), pois é fundamental para o cálculo de sua remuneração e pagamento.

Modelo de comprovante de registro de ponto do trabalhador intermitente

	(Preenchido)
Comprovante de Registro de Ponto do Trabalhador Intermitente	**Comprovante de Registro de Ponto do Trabalhador Intermitente**
Nome da Empresa: ___________________________ CPF ou CNPJ: ________________ CEI (caso exista): ______________ Local de prestação de serviço: _________________ Número de fabricação do REP: _________________ Nome do trabalhador: ______________________ PIS: _______ data e hora do registro: ________________________ Número Sequencial de Registro: ________________________	Editora dos Aposentados CNPJ: 57.277.774/0001-81 CEI: 000000000000000000 Av. Bonança, 44 – Vila Pôr do Sol NF 0000009999 Bruno Molina Ribeiro PIS: 10384358664 05/07/2013 15:30 NSR: 000009999

> Serviço externo – ficha, papeleta ou registro de ponto

Quando a jornada for executada integralmente fora do estabelecimento do empregador, o horário de trabalho constará também de ficha, papeleta ou registro de ponto, que ficará em poder do empregado, conforme parágrafo terceiro do artigo 74 da CLT.

Modelo de ficha de ponto do empregado em trabalho intermitente externo

Empregador – Local de Trabalho	**Mês/Ano:** ________________
Razão Social: ____________________ _______	CNPJ: __________
Endereço: ____	
Atividade econômica ______________________________________	

Empregado – número de ordem	
Nome: ______________________ ________	CPF: __________
Cargo: ______________________	CTPS (nº e série) __________

Dia	Dia da Semana	Entrada	Almoço	Saída	Hora extra
1					
2					
3					
4					
5					
6					
7					
8					
9					
10					
11					
12					
13					
14					
15					
16					
17					
18					
19					
20					
21					
22					
23					
24					
25					
26					
27					
28					

Dia	Dia da Semana	Entrada	Almoço	Saída	Hora extra
29					
30					
31					

Assinatura do empregador(a)		Assinatura do empregado(a)

16

CALCULANDO O REPOUSO SEMANAL REMUNERADO (RSR)

› 31 dias no mês

31 dias no mês com 4 RSR, sendo: 4 domingos. 31 dias – **4 RSR** = 27 dias úteis, considerando 4/27% = 14,814814, considerando em percentual = **14,814814%**.

31 dias no mês com 5 RSR, sendo: 4 domingos e 1 feriado. 31 dias – **5 RSR** = 26 dias úteis, considerando 5/26% = 19,230769, considerar em percentual **19,230769%.**

31 dias no mês com 6 RSR, sendo: 4 domingos e 2 feriados. 31 dias – **6 RSR** = 25 dias úteis, considerando 6/25% = 24, considerar em percentual 24%.

31 dias no mês com 7 RSR, sendo: 5 domingos e 2 feriados. 31 dias – **7 RSR** = 24 dias úteis, considerando 7/24% = 29,666666, considerar em percentual 29,666666%.

31 dias no mês com 8 RSR, sendo: 5 domingos e 3 feriados. 31 dias – **8 RSR** = 23 dias úteis, considerando 8/23% = 34,782608, considerar em percentual 34,782608%.

> 30 dias no mês

30 dias no mês com 4 RSR, sendo: 4 domingos. 30 dias – **4 RSR** = 26 dias úteis, considera 4/26% = 15,384615, considerar em percentual **15,384615%**.

30 dias no mês com 5 RSR, sendo: 4 domingos e 1 feriado. 30 dias – **5 RSR** = 25 dias úteis, considerando 5/25% = 20, considerar em percentual **20%**.

30 dias no mês com 6 RSR, sendo: 4 domingos e 2 feriados. 30 dias – **6 RSR** = 24 dias úteis, considerando 6/24% = 25, considerar em percentual **25%**.

30 dias no mês com 7 RSR, sendo: 5 domingos e 2 feriados. 30 dias – **7 RSR** = 23 dias úteis, considerando 7/23% = 30,434782, considerar em percentual **30,434782%**.

30 dias no mês com 8 RSR, sendo: 5 domingos e 3 feriados. 30 dias – **8 RSR** = 22 dias úteis, considerando 8/22% = 36,363636, considerar em percentual **36,363636%**.

29 dias no mês de fevereiro/2020, sendo: 4 domingos. 29 dias – 4 RSR = 25 dias úteis, considerando 4/25% = 16, considerar em percentual 16%.

28 dias no mês de fevereiro/2021, sendo: 4 domingos. 28 dias – 4 RSR = 24 dias úteis, considerando 4/24% = 16,666666 considerar em percentual 16,666666%.

- **Foi admitido e trabalhou apenas16 dias no mês com 2 RSR, sendo 2 domingos. 16 dias – 2 RSR = 14 dias úteis, considerando 2/14% = considerar em percentual 14,285714%, demissão o mesmo procedimento.**

O PESSOAL DA TECNOLOGIA DA INFORMAÇÃO (TI), PODE PARAMETRIZAR E APLICAR O PERCENTUAL DIRETO, SOBRE AS HORAS TRABALHADAS, EXTRAS E COMISSIONISTA AINDA QUE PRACISTA.

Veja a seguir, de acordo com o número de RSR no mês ou durante o dia da admissão ou o dia do desligamento.

> Mês com 31 dias

- **Mês com 31 dias e 4 RSR, percentual = 14,814814%**
- **Mês com 31 dias e 5 RSR, percentual = 19,230769%**
- **Mês com 31 dias e 6 RSR, percentual = 24%**
- **Mês com 31 dias e 7 RSR, percentual = 29,666666%**
- **Mês com 31 dias e 8 RSR, percentual = 34,782608%**

> Mês com 30 dias

- **Mês com 30 dias e 4 RSR, percentual = 15,384615%**
- **Mês com 30 dias e 5 RSR, percentual = 20%**
- **Mês com 30 dias e 6 RSR, percentual = 25%**
- **Mês com 30 dias e 7 RSR, percentual = 30,434782%**
- **Mês com 30 dias e 8 RSR, percentual = 36,363636%**

> Mês com 29 e 28 dias (fevereiro de 2020 e 2021)

- **Mês com 29 dias, fevereiro/2020, 29 dias e 4 RSR, percentual = 16,%**
- **Mês com 28 dias, fevereiro/2021, 28 dias e 4 RSR, percentual = 16,666666%**
- **Empregado admitido no mês e trabalhou 16 dias, sendo 14 dias trabalhados e 2 dias de RSR**
- **Admitido trabalhou 16 dias e 2 RSR, percentual = 14,285714%**

EXERCÍCIO PRÁTICO – FOLHA DE PAGAMENTO OUTUBRO/2024 HORISTA TRABALHOU NO MÊS COM 31 DIAS.

MÊS DE OUTUBRO DE 2024 – HORISTA R$42,00 P/HORA.

Horas efetivamente trabalhadas: **190,40 min = 190,666666**

Mês de outubro de 2024, teve 5 RSR, sendo 4 domingos e 1 feriado

Salário R$ 42,00 por hora

Calcular a remuneração de outubro de 2024

Cálculo do Repouso Semanal Remunerado (RSR)

Mês de outubro = 31 dias

Horas trabalhadas = 190,666666 X R$ 42,00 = **R$ 8.008,00**

Repouso Semanal Remunerado (RSR) em percentual

31 dias – 5 dias de RSR = 26 dias passar em % (percentual) = 26%

5/26% = 19,23 passar em % (percentual) = **19,23%**

190,666666 x 19,23% = **36,67 h** de RSR X R$ 42,00 = **R$ 1.540,14**

RSR = R$ 1.540,14

Remuneração do mês com o RSR

Horas trabalhadas R$ 8.008,00

Repouso Semanal Remunerado (RSR) R$ 1.540,14

TOTAL DA REMUNERAÇÃO DO MÊS DE OUTUBRO/2024.... **R$ 9.548,14**

Descontos

***INSS** s/R$ 7.786,02 - R$ 4.000,04 = R$ 3.785,98 x 14% = 530,04 + R$ 378,82 = R$ 908,86*.. R$ 908,86*

IRRF ....9.548,14 – 908,86 = R$ 8.639,28 X 27,5% = R$ 2.375,80

R$ 2.375,80 – R$ 896.00 = **R$ 1.479,80** R$ 1.479,80

TOTAL DE DESCONTOS (908,86 + 1.479,80) .... R$ 2.388,66

LÍQUIDO A RECEBER R$ 7.159,48

*INSS: Ver nova tabela do INSS a partir de 1º/1/2024.

Declaro que foi depositado em minha conta corrente no Banco.........

A quantia acima discriminada.

Cidade, 31 de outubro de 2.024. ____________________________

Assinatura do empregado

17

PROGRAMA DE ALIMENTAÇÃO DO TRABALHADOR (PAT)

Entende-se por PAT o "Programa de Alimentação do Trabalhador", serviço próprio de refeições, distribuição de alimentos, convênio com entidades fornecedoras de alimentação coletiva, sociedades civis e sociedades cooperativas – parcela in natura paga pela empresa – e não há incidência do INSS, FGTS e IRF.

De acordo com o Decreto no 10.854, de 10/11/2021 (DOU de 11/11/2021), artigos 166 a 182, que deu a Nova Regulamentação à Lei no 6.321/76, desde que a empresa tenha o Programa de Alimentação do Trabalhador (PAT), previamente aprovado pelo Ministério do Trabalho e da Previdência Social, na parcela paga in natura pela empresa não incidem os encargos sociais (INSS, FGTS e IRF).

Vemos a seguir na íntegra os artigos 4º ao 6º do Decreto.

> "Art. 4º Para a execução dos programas de alimentação do trabalhador a pessoa jurídica beneficiária pode manter serviço próprio de refeições, distribuir alimentos e firmar convênio com entidades fornecedoras de alimentação coletiva, sociedades civis, sociedades comerciais e sociedades cooperativas.

Cesta Básica (Alimentação ao Trabalhador) Desde que aprovado pelo Ministério do Trabalho através do Programa de Alimentação ao Trabalhador PAT.	INSS NÃO Lei nº 8.212/91, art. 28, § 9º, alínea c.	FGTS NÃO Art. 15, § 6º da Lei nº 8.036/90, com redação dada pela Lei nº 9.711, de 20-11-98, elencada no § 9º, alínea c do art. 28 da Lei nº 8.212/91.	IRRF NÃO Decreto nº 10.854, de 10/11/2021, art. 178.

Parágrafo único. A pessoa jurídica beneficiária será responsável por quaisquer irregularidades resultantes dos programas executados na forma deste artigo.

Art. 5º A pessoa jurídica que custear em comum as despesas definidas no art. 4º, poderá beneficiar-se da dedução prevista na Lei no 6.321, de 14 de abril de 1976, pelo critério de rateio do custo total da alimentação.

Art. 6º Nos Programas de Alimentação do Trabalhador PAT, previamente aprovados pelo Ministério do Trabalho e da Previdência Social, a parcela paga "in natura" pela empresa não tem natureza salarial, não se incorpora à remuneração para quaisquer efeitos, não constitui base de incidência de contribuição previdenciária ou do Fundo de Garantia do Tempo de Serviço e nem se configura como rendimento tributável do trabalhador."

18

AUXÍLIO-ALIMENTAÇÃO AO EMPREGADO

LEI Nº 14.442 DE 2/9/2022 – DOU DE 5/9/2022

Para os devidos fins, foi decretada e sancionada a Lei nº 14.442/2022, que dispõe sobre o pagamento de auxílio-alimentação ao empregado, com a necessária alteração da legislação correlata, especificamente a Lei nº 6.321, de 14 de abril de 1976, assim como a Consolidação das Leis do Trabalho, aprovada pelo Decreto-Lei nº 5.452, de 1º de maio de 1943.

De forma pontual, passaremos a tratar acerca das principais inovações trazidas pela legislação discutida neste Capítulo, com o objetivo de demonstrar as suas alterações e repercussões nas relações de trabalho.

Com efeito, o artigo 2º determina que o valor pago pelo empregador a título de auxílio-alimentação, tratado no § 2º do artigo 457 da Consolidação das Leis do Trabalho, deverá ser utilizado exclusivamente para o pagamento de refeições em restaurantes e estabelecimentos similares ou para a aquisição de gêneros alimentícios em estabelecimentos comerciais.

18.1. CONTRATAÇÃO DE PESSOA JURÍDICA PARA O FORNECIMENTO DO AUXÍLIO-ALIMENTAÇÃO

De acordo com a inovação trazida no art. 3º da Lei 14.442/2022, mantém a possibilidade de contratação de pessoa jurídica para o fornecimento do auxílio-alimentação, porém não poderá exigir ou receber as limitações impostas em seus 3 (três) incisos, conforme a seguir descrito:

a) **inciso I:** qualquer deságio ou descontos sobre o valor contratado, limitando assim qualquer benefício ilegal a ser obtido pelo empregador;

b) **inciso II:** a descaracterização de uma operação de natureza pré-paga dos valores a serem disponibilizados aos empregados, como prazos de repasse ou pagamento para essas empresas contratadas; e

c) **inciso III:** qualquer tipo de verbas e benefícios diretos ou indiretos de qualquer natureza não vinculados diretamente à promoção de saúde e segurança alimentar do empregado, com empresas que atuam nesse ramo.

O § 1º apresenta uma exceção à regra imposta pelo caput do artigo 3º, visto que a vedação não se aplica aos contratos de fornecimento de auxílio-alimentação vigentes, até seu encerramento ou até que tenha decorrido o prazo de 14 (quatorze) meses, contado da data de publicação desta Lei, o que ocorrer primeiro.

Como conclusão das vedações, o § 2º impede qualquer forma de prorrogação de contrato de fornecimento de auxílio-alimentação que esteja em desconformidade com o regulado pelo caput do artigo 3º.

18.2. PENALIDADES – MULTA AO EMPREGADOR

Com o objetivo da aplicação de penalidades, o artigo 4º da Lei nº 14.442/2022, determina que em razão da execução inadequada ou desvio da finalidade do quanto disposto no § 2º do art. 457 da Consolidação das Leis do Trabalho, considerando a participação tanto do empregador, como das empresas contratas que atuam prestando esse tipo de serviço, será aplicada multa no valor mínimo de R$ 5.000,00 (cinco mil reais) até o máximo de R$ 50.000,00 (cinquenta mil reais), podendo ser aplicada em dobro, em caso de reincidência ou de embaraço à fiscalização. Ficou estipulado, ainda, que poderão ser aplicadas pelos órgãos competentes outras penalidades que se fizerem necessárias.

Em complemento ao entendimento sobre as penalizações a serem aplicadas, o § 1º, assim como o § 2º, tratam sobre critérios de cálculo das multas serão estabelecidos pelo Ministro de Estado do Trabalho e Previdência, englobando ainda na aplicação da mencionada multa, as empresas que que comercializam produtos não relacionados à alimentação do empregado e a empresa que o credenciou.

18.3. DEDUÇÃO DO LUCRO TRIBUTÁVEL PARA FINS DE IR – PESSOA JURÍDICA

Em razão das alterações trazidas pela Lei nº 14.442/2022, de forma específico o artigo 5º, estabelece que a Lei nº 6.321/1976, passa a vigorar com as seguintes alterações:

> *"Art. 1º As pessoas jurídicas poderão deduzir do lucro tributável, para fins de apuração do imposto sobre a renda, o dobro das despesas comprovadamente realizadas no período-base em programas de alimentação do trabalhador previamente aprovados pelo Ministério do Trabalho e Previdência, na forma e de acordo com os limites dispostos no decreto que regulamenta esta Lei.*
>
> ....
>
> INCLUÍMOS O § 2º DANDO SEQUÊNCIA AO TEXTO
>
> **"§ 2º As despesas não deduzidas no exercício financeiro correspondente poderão ser transferidas para dedução nos dois exercícios financeiros subsequentes"**
>
> *§ 3º As despesas destinadas aos programas de alimentação do trabalhador deverão abranger exclusivamente o pagamento de refeições em restaurantes e estabelecimentos similares e a aquisição de gêneros alimentícios em estabelecimentos comerciais.*
>
> *§ 4º As pessoas jurídicas beneficiárias não poderão exigir ou receber:*

I *- qualquer tipo de deságio ou imposição de descontos sobre o valor contratado;*

II *- prazos de repasse ou pagamento que descaracterizem a natureza pré-paga dos valores a serem disponibilizados aos trabalhadores; ou*

III *- outras verbas e benefícios diretos ou indiretos de qualquer natureza não vinculados diretamente à promoção de saúde e segurança alimentar do trabalhador, no âmbito do contrato firmado com empresas emissoras de instrumentos de pagamento de auxílio-alimentação.*

§ 5º *A vedação de que trata o § 4º deste artigo terá vigência conforme definido em regulamento para os programas de alimentação do trabalhador." (NR)*

"Art. 1º-A. *Os serviços de pagamentos de alimentação contratados para execução dos programas de alimentação de que trata esta Lei observarão o seguinte:*

I *- a operacionalização por meio de arranjo de pagamento fechado ou aberto, devendo as empresas organizadas na forma de arranjo de pagamento fechado permitir a interoperabilidade entre si e com arranjos abertos, indistintamente, com o objetivo de compartilhar a rede credenciada de estabelecimentos comerciais, a partir de 1º de maio de 2023;*

II *- a portabilidade gratuita do serviço, mediante solicitação expressa do trabalhador, além de outras normas fixadas em decreto do Poder Executivo, a partir de 1º de maio de 2023;*

III *- (VETADO)."*

EXECUÇÃO INADEQUADA OU DESVIO DE FINALIDADE PELO EMPREGADOR. MULTA ENTRE R$ 5.000,00 A R$ 50.000,00

"Art. 3º-A. *A execução inadequada, o desvio ou o desvirtuamento das finalidades dos programas de alimentação do trabalhador pelas pessoas jurídicas beneficiárias ou pelas empresas registradas no Ministério do Trabalho e Previdência, sem prejuízo da aplicação de outras penalidades cabíveis pelos órgãos competentes, acarretarão:*

I - a aplicação de multa no valor de R$ 5.000,00 (cinco mil reais) a R$ 50.000,00 (cinquenta mil reais), a qual será aplicada em dobro em caso de reincidência ou de embaraço à fiscalização;

II - o cancelamento da inscrição da pessoa jurídica beneficiária ou do registro das empresas vinculadas aos programas de alimentação do trabalhador cadastradas no Ministério do Trabalho e Previdência, desde a data da primeira irregularidade passível de cancelamento, conforme estabelecido em ato específico; e

III - a perda do incentivo fiscal da pessoa jurídica beneficiária, em consequência do cancelamento previsto no inciso II deste caput.

§ 1º Os critérios de cálculo e os parâmetros de gradação da multa prevista no inciso I do caput deste artigo serão estabelecidos em ato do Ministro de Estado do Trabalho e Previdência.

§ 2º O estabelecimento que comercializa produtos não relacionados à alimentação do trabalhador e a empresa que o credenciou sujeitam-se à aplicação da multa prevista no inciso I do caput deste artigo.

§ 3º Na hipótese do cancelamento previsto no inciso II do caput deste artigo, novo registro ou inscrição perante o Ministério do Trabalho e Previdência somente poderá ser pleiteado decorrido o prazo a ser definido em regulamento."

18.4. TELETRABALHO OU TRABALHO REMOTO

No mesmo sentido, o artigo 6º aduz que a CLT - Consolidação das Leis do Trabalho, passa a vigorar com as seguintes alterações:

"Art. 62. ....

..

III - os empregados em regime de teletrabalho que prestam serviço por produção ou tarefa.

.."

(NR)

ESCLARECENDO DE COMO FICOU O ART. 62 E SEUS §§

"Art. 62. Não são abrangidos pelo regime previsto neste capítulo: (Redação dada pela Lei nº 8.966, de 27.12.1994) (CAPÍTULO II DA DURAÇÃO DO TRABALHO DA CLT)

I - os empregados que exercem atividade externa incompatível com a fixação de horário de trabalho, devendo tal condição ser anotada na Carteira de Trabalho e Previdência Social e no registro de empregados; (Incluído pela Lei nº 8.966, de 27.12.1994)

II - os gerentes, assim considerados os exercentes de cargos de gestão, aos quais se equiparam, para efeito do disposto neste artigo, os diretores e chefes de departamento ou filial. (Incluído pela Lei nº 8.966, de 27.12.1994)

III - os empregados em regime de teletrabalho que prestam serviço por produção ou tarefa. (Redação dada pela Lei nº 14.442, de 2022)"

[...]

*"**Art. 75-B.** Considera-se teletrabalho ou trabalho remoto a prestação de serviços fora das dependências do empregador, de maneira preponderante ou não, com a utilização de tecnologias de informação e de comunicação, que, por sua natureza, não configure trabalho externo.*

***§ 1º** O comparecimento, ainda que de modo habitual, às dependências do empregador para a realização de atividades específicas que exijam a presença do empregado no estabelecimento não descaracteriza o regime de teletrabalho ou trabalho remoto.*

***§ 2º** O empregado submetido ao regime de teletrabalho ou trabalho remoto poderá prestar serviços por jornada ou por produção ou tarefa.*

***§ 3º** Na hipótese da prestação de serviços em regime de teletrabalho ou trabalho remoto por produção ou tarefa, não se aplicará o disposto no Capítulo II do Título II desta Consolidação.*

***§ 4º** O regime de teletrabalho ou trabalho remoto não se confunde nem se equipara à ocupação de operador de telemarketing ou de teleatendimento.*

§ 5º O tempo de uso de equipamentos tecnológicos e de infraestrutura necessária, bem como de softwares, de ferramentas digitais ou de aplicações de internet utilizados para o teletrabalho, fora da jornada de trabalho normal do empregado não constitui tempo à disposição ou regime de prontidão ou de sobreaviso, exceto se houver previsão em acordo individual ou em acordo ou convenção coletiva de trabalho.

§ 6º Fica permitida a adoção do regime de teletrabalho ou trabalho remoto para estagiários e aprendizes.

§ 7º Aos empregados em regime de teletrabalho aplicam-se as disposições previstas na legislação local e nas convenções e nos acordos coletivos de trabalho relativas à base territorial do estabelecimento de lotação do empregado.

§ 8º Ao contrato de trabalho do empregado admitido no Brasil que optar pela realização de teletrabalho fora do território nacional aplica-se a legislação brasileira, excetuadas as disposições constantes da Lei nº 7.064, de 6 de dezembro de 1982, salvo disposição em contrário estipulada entre as partes.

§ 9º Acordo individual poderá dispor sobre os horários e os meios de comunicação entre empregado e empregador, desde que assegurados os repousos legais." (NR)

*"**Art. 75-C.** A prestação de serviços na modalidade de teletrabalho deverá constar expressamente do instrumento de contrato individual de trabalho.*

ESCLARECENDO DE COMO FICOU OS §§ 1º e 2º DO ART. 75-C

§ 1º Poderá ser realizada a alteração entre regime presencial e de teletrabalho desde que haja mútuo acordo entre as partes, registrado em aditivo contratual. (Incluído pela Lei nº 13.467, de 2017) (Vigência)

§ 2º Poderá ser realizada a alteração do regime de teletrabalho para o presencial por determinação do empregador, garantido prazo de transição mínimo de quinze dias, com

correspondente registro em aditivo contratual. ***(Incluído pela Lei nº 13.467, de 2017) (Vigência)***

§ 3º O empregador não será responsável pelas despesas resultantes do retorno ao trabalho presencial, na hipótese de o empregado optar pela realização do teletrabalho ou trabalho remoto fora da localidade prevista no contrato, salvo disposição em contrário estipulada entre as partes." (NR)

*"**Art. 75-F.** Os empregadores deverão dar prioridade aos empregados com deficiência e aos empregados com filhos ou criança sob guarda judicial até 4 (quatro) anos de idade na alocação em vagas para atividades que possam ser efetuadas por meio do teletrabalho ou trabalho remoto."*

18.5. QUANDO LEI Nº 14.442/2022 ENTRA EM VIGOR

Por fim, em relação a sua vigência, nos termos do artigo 8º, esta legislação entrou em vigor na data de sua publicação, que se deu no dia 05.09.2022, por meio do Diário Oficial da União.

19

LEI Nº 14.442/2022

A LEI Nº 14.442, DE 2 DE SETEMBRO DE 2022, DOU de 5/9/2022, dispõe sobre o pagamento de auxílio-alimentação ao empregado e altera a Lei nº 6.321, de 14 de abril de abril de 1976, e a Consolidação das Leis do Trabalho, aprovada pelo Decreto-Lei nº 5.452, de 1º de maio de 1943. Essa Lei revoga a Medida Provisória nº 1.108, de 25/3/2022, como vemos a seguir:

O PRESIDENTE DA REPÚBLICA Faço saber que o Congresso Nacional decreta e eu sanciono a seguinte Lei:

> Art. 1º Esta Lei dispõe sobre o pagamento de auxílio-alimentação ao empregado, bem como altera a Lei nº 6.321, de 14 de abril de 1976, e a Consolidação das Leis do Trabalho, aprovada pelo Decreto-Lei nº 5.452, de 1º de maio de 1943.
>
> Art. 2º As importâncias pagas pelo empregador a título de auxílio-alimentação de que trata o § 2º do art. 457 da Consolidação das Leis do Trabalho, aprovada pelo Decreto-Lei nº 5.452, de 1º de maio de 1943, deverão ser utilizadas para o pagamento de refeições em restaurantes e estabelecimentos similares ou para a aquisição de gêneros alimentícios em estabelecimentos comerciais.
>
> Art. 3º O empregador, ao contratar pessoa jurídica para o fornecimento do auxílio-alimentação de que trata o art. 2º desta Lei, não poderá exigir ou receber:

I - qualquer tipo de deságio ou imposição de descontos sobre o valor contratado;

II - prazos de repasse ou pagamento que descaracterizem a natureza pré-paga dos valores a serem disponibilizados aos empregados; ou

III - outras verbas e benefícios diretos ou indiretos de qualquer natureza não vinculados diretamente à promoção de saúde e segurança alimentar do empregado, no âmbito de contratos firmados com empresas emissoras de instrumentos de pagamento de auxílio-alimentação.

§ 1º A vedação de que trata o caput deste artigo não se aplica aos contratos de fornecimento de auxílio-alimentação vigentes, até seu encerramento ou até que tenha decorrido o prazo de 14 (quatorze) meses, contado da data de publicação desta Lei, o que ocorrer primeiro.

§ 2º É vedada a prorrogação de contrato de fornecimento de auxílio-alimentação em desconformidade com o disposto no caput deste artigo.

Art. 4º A execução inadequada, o desvio ou o desvirtuamento das finalidades do auxílio-alimentação de que trata o § 2º do art. 457 da Consolidação das Leis do Trabalho, aprovada pelo Decreto-Lei nº 5.452, de 1º de maio de 1943, pelos empregadores ou pelas empresas emissoras de instrumentos de pagamento de auxílio-alimentação, sem prejuízo da aplicação de outras penalidades cabíveis pelos órgãos competentes, acarretara a aplicação de multa no valor de R$ 5.000,00 (cinco mil reais) a R$ 50.000,00 (cinquenta mil reais), a qual será aplicada em dobro em caso de reincidência ou de embaraço à fiscalização.

§ 1º Os critérios de cálculo e os parâmetros de gradação da multa prevista no caput deste artigo serão estabelecidos em ato do Ministro de Estado do Trabalho e Previdência.

§ 2º O estabelecimento que comercializa produtos não relacionados à alimentação do empregado e a empresa que o credenciou sujeitam-se à aplicação da multa prevista no caput deste artigo.

Art. 5º A Lei nº 6.321, de 14 de abril de 1976, passa a vigorar com as seguintes alterações:

"Art. 1º As pessoas jurídicas poderão deduzir do lucro tributável, para fins de apuração do imposto sobre a renda, o dobro das despesas comprovadamente realizadas no período-base em programas de alimentação do trabalhador previamente aprovados pelo Ministério do Trabalho e Previdência, na forma e de acordo com os limites dispostos no decreto que regulamenta esta Lei.

....

§ 3º As despesas destinadas aos programas de alimentação do trabalhador deverão abranger exclusivamente o pagamento de refeições em restaurantes e estabelecimentos similares e a aquisição de gêneros alimentícios em estabelecimentos comerciais.

§ 4º As pessoas jurídicas beneficiárias não poderão exigir ou receber:

I - qualquer tipo de deságio ou imposição de descontos sobre o valor contratado;

II - prazos de repasse ou pagamento que descaracterizem a natureza pré-paga dos valores a serem disponibilizados aos trabalhadores; ou

III - outras verbas e benefícios diretos ou indiretos de qualquer natureza não vinculados diretamente à promoção de saúde e segurança alimentar do trabalhador, no âmbito do contrato firmado com empresas emissoras de instrumentos de pagamento de auxílio-alimentação.

§ 5º A vedação de que trata o § 4º deste artigo terá vigência conforme definido em regulamento para os programas de alimentação do trabalhador." (NR)

"Art. 1º-A. Os serviços de pagamentos de alimentação contratados para execução dos programas de alimentação de que trata esta Lei observarão o seguinte:

I - a operacionalização por meio de arranjo de pagamento fechado ou aberto, devendo as empresas organizadas na forma de arranjo de pagamento fechado permitir a interoperabilidade entre si e com arranjos abertos, indistintamente, com o objetivo de compartilhar a rede credenciada de estabelecimentos comerciais, a partir de 1º de maio de 2023;

II - a portabilidade gratuita do serviço, mediante solicitação expressa do trabalhador, além de outras normas fixadas em decreto do Poder Executivo, a partir de 1º de maio de 2023;

III - (VETADO)."

"Art. 3º-A. A execução inadequada, o desvio ou o desvirtuamento das finalidades dos programas de alimentação do trabalhador pelas pessoas jurídicas beneficiárias ou pelas empresas registradas no Ministério do Trabalho e Previdência, sem prejuízo da aplicação de outras penalidades cabíveis pelos órgãos competentes, acarretarão:

I - a aplicação de multa no valor de R$ 5.000,00 (cinco mil reais) a R$ 50.000,00 (cinquenta mil reais), a qual será aplicada em dobro em caso de reincidência ou de embaraço à fiscalização;

II - o cancelamento da inscrição da pessoa jurídica beneficiária ou do registro das empresas vinculadas aos programas de alimentação do trabalhador cadastradas no Ministério do Trabalho e Previdência, desde a data da primeira irregularidade passível de cancelamento, conforme estabelecido em ato específico; e

III - a perda do incentivo fiscal da pessoa jurídica beneficiária, em consequência do cancelamento previsto no inciso II deste caput.

§ 1º Os critérios de cálculo e os parâmetros de gradação da multa prevista no inciso I do caput deste artigo serão estabelecidos em ato do Ministro de Estado do Trabalho e Previdência.

§ 2º O estabelecimento que comercializa produtos não relacionados à alimentação do trabalhador e a empresa que o credenciou sujeitam-se à aplicação da multa prevista no inciso I do caput deste artigo.

§ 3º Na hipótese do cancelamento previsto no inciso II do caput deste artigo, novo registro ou inscrição perante o Ministério do Trabalho e Previdência somente poderá ser pleiteado decorrido o prazo a ser definido em regulamento."

Art. 6º A Consolidação das Leis do Trabalho, aprovada pelo Decreto-Lei nº 5.452, de 1º de maio de 1943, passa a vigorar com as seguintes alterações:

"Art. 62. ....

....

III - os empregados em regime de teletrabalho que prestam serviço por produção ou tarefa.

...." (NR)

"Art. 75-B. Considera-se teletrabalho ou trabalho remoto a prestação de serviços fora das dependências do empregador, de maneira preponderante ou não, com a utilização de tecnologias de informação e de comunicação, que, por sua natureza, não configure trabalho externo.

§ 1º O comparecimento, ainda que de modo habitual, às dependências do empregador para a realização de atividades específicas que exijam a presença do empregado no estabelecimento não descaracteriza o regime de teletrabalho ou trabalho remoto.

§ 2º O empregado submetido ao regime de teletrabalho ou trabalho remoto poderá prestar serviços por jornada ou por produção ou tarefa.

§ 3º Na hipótese da prestação de serviços em regime de teletrabalho ou trabalho remoto por produção ou tarefa, não se aplicará o disposto no Capítulo II do Título II desta Consolidação.

§ 4º O regime de teletrabalho ou trabalho remoto não se confunde nem se equipara à ocupação de operador de telemarketing ou de teleatendimento.

§ 5º O tempo de uso de equipamentos tecnológicos e de infraestrutura necessária, bem como de softwares, de ferramentas digitais ou de aplicações de internet utilizados para o teletrabalho, fora da jornada de trabalho normal do empregado não constitui tempo à disposição ou regime de prontidão ou de sobreaviso, exceto se houver previsão em acordo individual ou em acordo ou convenção coletiva de trabalho.

§ 6º Fica permitida a adoção do regime de teletrabalho ou trabalho remoto para estagiários e aprendizes.

§ 7º Aos empregados em regime de teletrabalho aplicam-se as disposições previstas na legislação local e nas convenções e nos acordos coletivos de trabalho relativas à base territorial do estabelecimento de lotação do empregado.

§ 8º Ao contrato de trabalho do empregado admitido no Brasil que optar pela realização de teletrabalho fora do território nacional aplica-se a legislação brasileira, excetuadas as disposições constantes da Lei nº 7.064, de 6 de dezembro de 1982, salvo disposição em contrário estipulada entre as partes.

§ 9º Acordo individual poderá dispor sobre os horários e os meios de comunicação entre empregado e empregador, desde que assegurados os repousos legais." (NR)

"Art. 75-C. A prestação de serviços na modalidade de teletrabalho deverá constar expressamente do instrumento de contrato individual de trabalho.

....

§ 3º O empregador não será responsável pelas despesas resultantes do retorno ao trabalho presencial, na hipótese de o empregado optar pela realização do teletrabalho ou trabalho remoto fora da localidade prevista no contrato, salvo disposição em contrário estipulada entre as partes." (NR)

"Art. 75-F. Os empregadores deverão dar prioridade aos empregados com deficiência e aos empregados com filhos ou criança sob guarda judicial até 4 (quatro) anos de idade na alocação em vagas para atividades que possam ser efetuadas por meio do teletrabalho ou trabalho remoto."

Art. 7º (VETADO).

Art. 8º Esta Lei entra em vigor na data de sua publicação.

Brasília, 2 de setembro de 2022; 201º da Independência e 134º da República

JAIR MESSIAS BOLSONARO

Paulo Guedes

José Carlos Oliveira

20

TEXTO ATUALIZADO DA LEI Nº 6.321/76 NA ÍNTEGRA

LEI Nº 6.321, DE 14 DE ABRIL DE 1976

(Vide Decreto nº 78.676. de 1976)
(Vide Lei nº 7.418, de 1985)
(Vide Decreto-Lei nº 2.296, de 1986)
(Vide Decreto-lei nº 2,433, de 1988)
Regulamento

Dispõe sobre a dedução, do lucro tributável para fins de imposto sobre a renda das pessoas jurídicas, do dobro das despesas realizadas em programas de alimentação do trabalhador.

O PRESIDENTE DA REPÚBLICA, faço saber que o **CONGRESSO NACIONAL** decreta e eu sanciono a seguinte Lei:

Art. 1º As pessoas jurídicas poderão deduzir do lucro tributável, para fins de apuração do imposto sobre a renda, o dobro das despesas comprovadamente realizadas no período-base em programas de alimentação do trabalhador previamente aprovados pelo Ministério do Trabalho e Previdência, na forma e de acordo com os limites dispostos no decreto que regulamenta esta Lei. (Redação dada pela Lei nº 14.442, de 2022)

§ 1º A dedução a que se refere o *caput* deste artigo não poderá exceder em cada exercício financeiro, isoladamente, a 5% (cinco por cento) e cumulativamente com a dedução de que trata a Lei nº 6.297, de 15 de dezembro de 1975, a 10% (dez por cento) do lucro tributável.

§ 2º As despesas não deduzidas no exercício financeiro correspondente poderão ser transferidas para dedução nos dois exercícios financeiros subsequentes.

§ 3º As despesas destinadas aos programas de alimentação do trabalhador deverão abranger exclusivamente o pagamento de refeições em restaurantes e estabelecimentos similares e a aquisição de gêneros alimentícios em estabelecimentos comerciais. (Incluído pela Lei nº 14.442, de 2022)

§ 4º As pessoas jurídicas beneficiárias não poderão exigir ou receber: (Incluído pela Lei nº 14.442, de 2022)

I - qualquer tipo de deságio ou imposição de descontos sobre o valor contratado; (Incluído pela Lei nº 14.442, de 2022)

II - prazos de repasse ou pagamento que descaracterizem a natureza pré-paga dos valores a serem disponibilizados aos trabalhadores; ou (Incluído pela Lei nº 14.442, de 2022)

III - outras verbas e benefícios diretos ou indiretos de qualquer natureza não vinculados diretamente à promoção de saúde e segurança alimentar do trabalhador, no âmbito do contrato firmado com empresas emissoras de instrumentos de pagamento de auxílio-alimentação. (Incluído pela Lei nº 14.442, de 2022)

§ 5º A vedação de que trata o § 4º deste artigo terá vigência conforme definido em regulamento para os programas de alimentação do trabalhador. (Incluído pela Lei nº 14.442, de 2022)

Art. 1º-A. Os serviços de pagamentos de alimentação contratados para execução dos programas de alimentação de que trata esta Lei observarão o seguinte: (Incluído pela Lei nº 14.442, de 2022)

I - a operacionalização por meio de arranjo de pagamento fechado ou aberto, devendo as empresas organizadas na forma de arranjo de pagamento fechado permitir a interoperabilidade entre si e com arranjos abertos, indistintamente, com o objetivo de compartilhar a rede credenciada de estabelecimentos comerciais, a partir de 1º de maio de 2023; (Incluído pela Lei nº 14.442, de 2022)

II - a portabilidade gratuita do serviço, mediante solicitação expressa do trabalhador, além de outras normas fixadas em decreto do Poder Executivo, a partir de 1º de maio de 2023; (Incluído pela Lei nº 14.442, de 2022)

III - (VETADO). (Incluído pela Lei nº 14.442, de 2022)

Art. 2º Os programas de alimentação a que se refere o artigo anterior deverão conferir prioridade ao atendimento dos trabalhadores de baixa renda e limitar-se-ão aos contratados pela pessoa jurídica beneficiária.

§ 1º O Ministério do Trabalho articular-se-á com o Instituto Nacional de Alimentação e Nutrição - INAN, para efeito do exame e aprovação dos programas a que se refere a presente Lei. (Renumerado do parágrafo único, pela Medida Provisória nº 2.164-41, de 2001)

§ 2º As pessoas jurídicas beneficiárias do Programa de Alimentação do Trabalhador - PAT poderão estender o benefício previsto nesse Programa aos trabalhadores por elas dispensados, no período de transição para um novo emprego, limitada a extensão ao período de seis meses. (Incluído pela Medida Provisória nº 2.164-41, de 2001)

§ 3º As pessoas jurídicas beneficiárias do PAT poderão estender o benefício previsto nesse Programa aos empregados que estejam com contrato suspenso para participação em curso ou programa de qualificação profissional, limitada essa extensão ao período de cinco meses. (Incluído pela Medida Provisória nº 2.164-41, de 2001)

Art. 3º Não se inclui como salário de contribuição a parcela paga in natura, pela empresa, nos programas de alimentação aprovados pelo Ministério do Trabalho.

Art. 3º-A. A execução inadequada, o desvio ou o desvirtuamento das finalidades dos programas de alimentação do trabalhador pelas pessoas jurídicas beneficiárias ou pelas empresas registradas no Ministério do Trabalho e Previdência, sem prejuízo da aplicação de outras penalidades cabíveis pelos órgãos competentes, acarretarão: (Incluído pela Lei nº 14.442, de 2022)

I - a aplicação de multa no valor de R$ 5.000,00 (cinco mil reais) a R$ 50.000,00 (cinquenta mil reais), a qual será aplicada em dobro em caso de reincidência ou de embaraço à fiscalização; (Incluído pela Lei nº 14.442, de 2022)

II - o cancelamento da inscrição da pessoa jurídica beneficiária ou do registro das empresas vinculadas aos programas de alimentação do trabalhador cadastradas no Ministério do Trabalho e Previdência, desde a data da primeira irregularidade passível de cancelamento, conforme estabelecido em ato específico; e (Incluído pela Lei nº 14.442, de 2022)

III - a perda do incentivo fiscal da pessoa jurídica beneficiária, em consequência do cancelamento previsto no inciso II deste caput. (Incluído pela Lei nº 14.442, de 2022)

§ 1º Os critérios de cálculo e os parâmetros de gradação da multa prevista no inciso I do caput deste artigo serão estabelecidos em ato do Ministro de Estado do Trabalho e Previdência. (Incluído pela Lei nº 14.442, de 2022)

§ 2º O estabelecimento que comercializa produtos não relacionados à alimentação do trabalhador e a empresa que o credenciou sujeitam-se à aplicação da multa prevista no inciso I do caput deste artigo. (Incluído pela Lei nº 14.442, de 2022)

§ 3º Na hipótese do cancelamento previsto no inciso II do caput deste artigo, novo registro ou inscrição perante o Ministério do Trabalho e Previdência somente poderá ser pleiteado decorrido o prazo a ser definido em regulamento. (Incluído pela Lei nº 14.442, de 2022)

Art. 4º O Poder Executivo regulamentará a presente Lei no prazo de 60 (sessenta) dias.

Art. 5º Esta Lei entrará em vigor na data de sua publicação, revogadas as disposições em contrário.

Brasília, 14 de abril de 1976; 155º da Independência e 88º da República.

ERNESTO GEISEL
Mário Henrique Simonsen
Arnaldo Prieto
Paulo de Almeida Machado

Este texto não substitui o publicado no *DOU* de 19.4.1976

20.1. TEXTO ATUALIZADO DA CLT DO TELETRABALHO. ARTIGOS 75-A A 75-F NA ÍNTEGRA

CAPÍTULO II-A (Incluído pela Lei nº 13.467, de 2017) (Vigência)
DO TELETRABALHO

Art. 75-A. A prestação de serviços pelo empregado em regime de teletrabalho observará o disposto neste Capítulo. (Incluído pela Lei nº 13.467, de 2017) (Vigência)

Art. 75-B. Considera-se teletrabalho ou trabalho remoto a prestação de serviços fora das dependências do empregador, de maneira preponderante ou não, com a utilização de tecnologias de informação e de comunicação, que, por sua natureza, não configure trabalho externo. (Redação dada pela Lei nº 14.442, de 2022)

§ 1º O comparecimento, ainda que de modo habitual, às dependências do empregador para a realização de atividades específicas que exijam a presença do empregado no estabelecimento não descaracteriza o regime de teletrabalho ou trabalho remoto.(Incluído pela Lei nº 14.442, de 2022)

§ 2º O empregado submetido ao regime de teletrabalho ou trabalho remoto poderá prestar serviços por jornada ou por produção ou tarefa. (Incluído pela Lei nº 14.442, de 2022)

§ 3º Na hipótese da prestação de serviços em regime de teletrabalho ou trabalho remoto por produção ou tarefa, não se aplicará o disposto no Capítulo II do Título II desta Consolidação. (Incluído pela Lei nº 14.442, de 2022)

§ 4º O regime de teletrabalho ou trabalho remoto não se confunde nem se equipara à ocupação de operador de telemarketing ou de teleatendimento. (Incluído pela Lei nº 14.442, de 2022)

§ 5º O tempo de uso de equipamentos tecnológicos e de infraestrutura necessária, bem como de softwares, de ferramentas digitais ou de aplicações de internet utilizados para o teletrabalho, fora da jornada de trabalho normal do empregado não constitui tempo à disposição ou regime de prontidão ou de sobreaviso, exceto se houver previsão em acordo individual ou em acordo ou convenção coletiva de trabalho. (Incluído pela Lei nº 14.442, de 2022)

§ 6º Fica permitida a adoção do regime de teletrabalho ou trabalho remoto para estagiários e aprendizes. (Incluído pela Lei nº 14.442, de 2022)

§ 7º Aos empregados em regime de teletrabalho aplicam-se as disposições previstas na legislação local e nas convenções e nos acordos coletivos de trabalho relativas à base territorial do estabelecimento de lotação do empregado. (Incluído pela Lei nº 14.442, de 2022)

§ 8º Ao contrato de trabalho do empregado admitido no Brasil que optar pela realização de teletrabalho fora do território nacional aplica-se a legislação brasileira, excetuadas as disposições constantes da Lei nº 7.064, de 6 de dezembro de 1982, salvo disposição em contrário estipulada entre as partes. (Incluído pela Lei nº 14.442, de 2022)

§ 9º Acordo individual poderá dispor sobre os horários e os meios de comunicação entre empregado e empregador, desde que assegurados os repousos legais. (Incluído pela Lei nº 14.442, de 2022)

Art. 75-C. A prestação de serviços na modalidade de teletrabalho deverá constar expressamente do instrumento de contrato individual de trabalho. (Redação dada pela Lei nº 14.442, de 2022)

§ 1º Poderá ser realizada a alteração entre regime presencial e de teletrabalho desde que haja mútuo acordo entre as partes, registrado em aditivo contratual. (Incluído pela Lei nº 13.467, de 2017) (Vigência)

§ 2º Poderá ser realizada a alteração do regime de teletrabalho para o presencial por determinação do empregador, garantido prazo de transição mínimo de quinze dias, com correspondente registro em aditivo contratual. (Incluído pela Lei nº 13.467, de 2017) (Vigência)

§ 3º O empregador não será responsável pelas despesas resultantes do retorno ao trabalho presencial, na hipótese de o empregado optar pela realização do teletrabalho ou trabalho remoto fora da localidade prevista no contrato, salvo disposição em contrário estipulada entre as partes. (Incluído pela Lei nº 14.442, de 2022)

Art. 75-D. As disposições relativas à responsabilidade pela aquisição, manutenção ou fornecimento dos equipamentos tecnológicos e da infraestrutura necessária e adequada à prestação do trabalho remoto, bem como ao reembolso de despesas arcadas pelo empregado, serão previstas em contrato escrito. (Incluído pela Lei nº 13.467, de 2017) (Vigência)

Parágrafo único. As utilidades mencionadas no **caput** deste artigo não integram a remuneração do empregado. (Incluído pela Lei nº 13.467, de 2017) (Vigência)

Art. 75-E. O empregador deverá instruir os empregados, de maneira expressa e ostensiva, quanto às precauções a tomar a fim de evitar doenças e acidentes de trabalho. (Incluído pela Lei nº 13.467, de 2017) (Vigência)

Parágrafo único. O empregado deverá assinar termo de responsabilidade comprometendo-se a seguir as instruções fornecidas pelo empregador. (Incluído pela Lei nº 13.467, de 2017) (Vigência)

Art. 75-F. Os empregadores deverão conferir prioridade aos empregados com deficiência e aos empregados e empregadas com filhos ou criança sob guarda judicial até quatro anos de idade na alocação em vagas para atividades que possam ser efetuadas por meio do teletrabalho ou trabalho remoto. (Incluído pela Lei nº 14.442, de 2022)

BIBLIOGRAFIA

CAMPANHOLE, Adriano. *Prática das leis trabalhistas*. 4. ed. São Paulo: Atlas, 1980.

CARRION, Valentim. *Comentários à consolidação das leis do trabalho*. 5. ed. São Paulo: Revista dos Tribunais, 1982.

FORMIGA, Gualdo Amaury. *Manual do chefe de pessoal*. 7. ed. São Paulo: Sugestões Literárias, 1976.

LEGISLAÇÃO DO TRABALHO. São Paulo: Mapa Fiscal, 1981.

LEGISLAÇÃO TRABALHISTA. São Paulo: IOB Industrial e Comercial, 1998.

MANUAIS DE INSTRUÇÕES E FOLHETOS DO PROGRAMA NACIONAL DE DESBUROCRATIZAÇÃO, 1985.

MANUAL DE INSTRUÇÕES SOBRE O FGTS. Secretaria da Comunicação Social da Presidência do BNH. Ministério do Interior, 1983.

OLIVEIRA, Aristeu. *Cálculos Trabalhistas – Teoria e Prática* – (coautoria). 4ª ed. São Paulo: Juspodivm, 2024.

_________. *Cálculos Trabalhistas*. 29ª ed. São Paulo: Gen | Atlas, 2018.

_________. *Cargos e salários e profissões regulamentadas*. 4ª ed. São Paulo: Atlas, 2014.

_________. *Consolidação da legislação previdenciária*. 14ª ed. São Paulo: Atlas, 2011.

_________. *Consolidação das leis do trabalho anotada*. 3ª ed. São Paulo: Cenofisco/Aduaneiras/Lex. 2004.

_________. *Consolidação das leis do trabalho para contabilistas*. 2ª ed. São Paulo: IOB Thomson, 2008.

_________. *Consolidação das leis do trabalho para rotinas trabalhistas*. 3ª ed. São Paulo: Atlas, 2012.

________. *Construção Civil:* Procedimentos de arrecadação junto ao INSS (no prelo).

________. *Descrição de cargos e salários e profissões regulamentadas,* 5ª ed. São Paulo: 2017.

________. *Drogas! Prazer e morte.* 1ª. ed. São Paulo. Salta, 2014.

________. *eSocial manual prático.* São Paulo: Atlas, 2014.

________. *Estágio, trabalho temporário e trabalho a tempo parcial.* São Paulo: Atlas, 2009.

________. *Gestão de recursos humanos: manual de procedimentos e modelos de Documentos* (no prelo).

________. *Guia prático de gestão trabalhista & previdenciária para organizações religiosas* (coautoria). Ilustra ebooks. 1ª ed. São Paulo, 2023.

________. *Guia do Empregador doméstico – da contratação ao desligamento.* 5ª ed. São Paulo, 2023.

________. *Home office e teletrabalho-prática e aspecto legal* (coautoria). 2ª ed. São Paulo: Juspodivm, 2023.

________. *Legislação previdenciária.* 2ª. ed. São Paulo: Atlas, 1995. (no prelo).

________. *Manual de contratos de trabalho.* 4ª. ed. São Paulo: Atlas, 2009.

________. *Manual de descrição de cargos e salários.* São Paulo: Atlas, 2013.

________. *Manual de prática trabalhista em tempo digital.* 56ª. ed. (coautoria). São Paulo: JusPODIVM, 2024.

________. *Manual de procedimentos e modelos na gestão de recursos humanos.* São Paulo: Atlas, 2010.

________. *Manual de salários e benefícios.* São Paulo: Atlas, 2006.

________. *Manual do terceiro setor e instituições religiosas* (coautoria): trabalhista, previdenciária, contábil e fiscal. 4. ed. São Paulo: Atlas, 2014.

________. *Manual prático da previdência social.* 16ª. ed. São Paulo: Atlas, 2012.

________. *Manual prático do empregador doméstico:* da contratação ao desligamento. 4.ed. São Paulo: Atlas, 2016.

________. *Manual prático do trabalhador doméstico,* São Paulo: Atlas, 2016.

________. *Nova previdência social e a constituição federal guia de fácil leitura* (coautoria). São Paulo: Gen | Atlas, 2020.